1969年11月摄于下乡所在地黑龙江爱辉

1970年1月黑龙江兵团连队宣传队

▲ 2008 年在岳麓书院演讲

给北大研究生讲课 ▼

2 0 0 3 年春节与博士导师朱绍文夫妇

08 年与中国经济 5 0 人论坛成员考察

会议结束后接受媒体采访

2 0 1 1 年 8 月 2 6 日中央电视台财经频道采访 ➡

👍 2 0 0 4 年在法国奥弗涅大学被授予名誉博士学位时与当地学者

2 0 1 1 年东北亚名人会与日本和韩国经济学家 ➡

经济人生

Economics of Our Life

樊纲 著

人民东方出版传媒
东方出版社

目 录
CONTENTS

新版自序

一晃，这本书出版 20 年了。

这 20 年间，此书重印了两次，再版了一次，书名从最初的《求解命运的方程》，改为《经济人生》，两版之间有过一些大小标题上的润色，但内容基本没有改动。不曾大卖，但也总有人在问起，长期处在断货的状态中，经常会有出版社问及再版的可能。

更重要的是，这 20 年，中国经济和社会发生了许多的变化，我们的生活，发生了许多的变化。因此，人们每每提及再版时，通常都会问，是否可以根据社会的变化而做些改动与增补，使其更针对当下的新问题与新情况。毕竟，这是一部关于"人生"的书，生活变化了，今天年轻人的生活内容与 20 年前年轻人相比，有着许多的不同。20 年前，这本书我已经是在电脑上写成的了，但还不是笔记本电脑，那时还没有手机，生活中还没有互联网，大学毕业生的就业还是很有保障的，而工资还只有几百块。

但是我一直没有同意进行改动。我也许完全可以针对当今的新问题写一本新的书，但这本书就是 20 年前写成的书，它引用的实例，是那个时代（甚至是更早些时候）的生活，它们当然会对那一代人有着特殊的意义，但也许对后人也有史鉴的意义，就像我们今天读几百年前的书仍会饶有兴趣一样。

更重要的是，这本书的初衷，就是要用经济学的一般原理来分析我们的百味人生与万千世相；用经济学的逻辑体系，将我们人生中所面对的问题进行一些系统的梳理与分析。就是想告诉人们，经济学的一般原理，因其一般，所以普遍，既可分析历史，也可分析当下，不会因时过境迁而失去效力。分析的实例总是具有历史的特点，但其中的一般道理，没有什么两样。而且事实上，今天当我自己为了再版重读时，我发现现在人们纠结着的各种问题，本质上与 20 年前没有什么两样，本书基本也都涉及了：无论何时，我们都在努力地追求自己一生幸福的最大化或痛苦的最小化；我们都在问"什么是幸福？""你幸福吗？"或者"为什么我不幸福？"（经济学的基础性的，也就是"深层次"的分析变量其实不是金钱，不是收益与成本，而是"幸福"与"痛苦"。）我们每天都在做着两难的选择（"经济学就是关于选择的科学"），只不过 20 年前由于社会制度的局限，我们的选择范围小一点，今天人们面临的可能是"八难选择"（其实最初是"八难"，筛过两轮后真正面临的还是"两难"）；我们的每一个决策，小到买个东西，大到就业应聘，都面临着各种"预算约束"——这是对各种约束的一个统称，包括金钱的约束或能力的约束，资源的约束或制度的约束；20年前的贪腐行为与今天的贪腐行为有着不同的规模，但腐败行为是"利用公权谋私利"这一本质没有什么两样。社会对我们每个人的重要性，总是在于你争取个人利益最大化的时候，会面对别人、社会所有的人也要争取他或他们利益最大化这一前提条件的制约；你与上级和同事的矛盾、那些你死我活的公司政治，或者"文化大革命"中的政治斗争，不过就是这种利益冲突的不同的具体表现而已。自己少年不努力，不能不断改进和提高自己的生产力，就没有市场竞争力，在激烈的竞争中就会被淘汰；社会可以给你一些"保障"，但你还是会在差距中处于劣势，等等。尽管表现形式有所不同，我们20年前面对的问题，与今天的年轻人所面对的问题，本质上是一样的。

作为一名经济学者，我在本书中隐含着一个愿望，就是希望大家都能学一点经济学知识，这或许会使我们活得更"明白"一些。它不一定能解决你的问题，但总能在一定程度上解释你的问题，并给出一些"政策建议"。纠结总是有的，但总是可以少一些困惑。掌握一些经济学原理，我们就可以举一反三，对今天的事情多明白一些，20年后也可用来分析那时的现象。

所以，这一版，我还是没有做大的改动，原稿呈现给读者。

也因如此，这里要感谢东方出版社，同意我再版原文，包括上一版的前言与跋，也原文收录。这样做，可能书因此不那么"时髦",面临经济收益减少的风险,但出版社对作者意愿的尊重,使我深受感动。

　　以往人们对本书有着各式各样的评论,今天我诚惶诚恐地期待着当下读者的批判。

　　　　　　　　　　　　　　　　　　　　樊纲

　　　　　　　　　　　　　　　　　　　　写于 2013 年春节

序（1999 年版）

写此书的起因是一位出版社的编辑杨刚约我写一本"自传"，介绍"出道"的经历。我年纪轻轻，当然不能写什么自传。但他坚持说他是想让我面对现在的青年人，说说我"事业有成"的经历与心得，以便"传道"于人，勉励后来者更好地成功。

面对这位不怕出一本毫无市场价值的"书生自传"而赔钱的执著编辑，我不得不认真考虑，最终想到了我的专业：经济学。我想到：我们是否可以用经济学的原理来分析、解释我们生活中、事业上的各种现象；用经济学的基本方法来说明我们人生在世所面临的各种选择以及我们进行选择时面临的各种制约条件；用经济学的基本逻辑来阐明我们这些社会动物的行为方式与行为逻辑。也通过这种方式，来表明经济学是怎样的一门平易的学问：它不仅能说明国民经济、国际市场运行之类的大问题，而且能够说明我们个人生活、人生道路上的各种"小事"。它可以使我们在面临人生事业的各种选择问题上，有一种更为清晰的思维方法，面对林林总总的社会现象、人生百态，能有一个更深刻的理解。于是便有了这本在业余时间写下的

《经济人生》。

　　仔细想一想，长期以来在谈论人生的各种论著中，一直缺少一点"经济学"的声音。人人都有一份并仅仅只有一份人生，因而人生总是大家所共同关心的一大主题。每个人都可以并且确实经常"业余"或"专业"地谈论这一主题。在人文社会科学诸学科当中，经常谈论人生道理的大概有三种人：哲学家、社会学家、心理学家；而在社会上，"人生问题"的职业谈客，便是作家、社会教育工作者、教师，以及牧师、神父等。比如说作家，包括小说家、诗人、报告文学家、散文小品文家等，他们用记录下或创造出的形象来刻画人生，把自己对人生的理解与感受，写进作品中去，用张三的嘴赞美，用李四的嘴骂人。又比如社会教育工作者，以青少年为对象，用正面教育的方法，向那些未成熟的心灵，灌输一些鼓励人们"天天向上"的生活哲理。但在这众多声音中，经济学的声音却历来十分微弱。人们（包括一些经济学者在内）通常把经济学单纯地理解为：（1）对国家、社会来说，是如何管理国家经济或经营企业的学问；（2）对个人来说，如何"发财致富"的学问。其实，经济学很早就被人们定义为一门"选择的科学"。许多经济学家还有一种更为广义的经济学的定义，即认为它是研究人类行为与效果关系的科学，属于"人类行为效果学"。它研究一个社会、一个企业、一个组织或是个人，如何在各种内部、外部、主观、客观条件和标准的制约下，根据自己想要达到的一定目标，进行理性选择，从而以最小的成本，最少的代价，取得最好的效果。经济学的一切定理、规律、结论，都是建立在个人或个别企业、个别政府的行为和选择的基础之上的，因此它从各个方面说都十分适合于对人生或人的行为的分析。所以我很纳闷，众多的经济学家怎么在这么长的时间里忽视了这么一块大的"阵地"不来占领，也来谈论谈论"人生"这个"有人在便有阵地在"的永恒主题。

世上的人们，各人有各人的能力，各人有各人的条件，各人有各人的兴趣爱好，但各人都可以在自己特殊的条件下追求自己独特的生活，各种不同的"活法"都有其独特的意义；从而在任何平凡的生活中，都能够体验到同样有用的生活道理。经济学有时看上去很复杂、很深奥（有时是被经济学家们自己搞得很复杂、很深奥），其实它的一些基本道理，说破了之后是很平易的，就存在于我们的身边，存在于你我之间。同时它也是很有用的，许多其他学科的人长期纠缠不清的问题，用经济学的方法一分析就会变得很清楚。搞经济学的人（像笔者自己），不一定能升官、发财，也不一定活得很好（经济学其实是研究别人——也就是社会——如何"发财"的学问，而不是自己如何发财的学问。研究自己如何发财的学问是"商业管理"）；整天研究怎么做经济上的"算计"，告诉别人该怎么

"算计"怎么"选择"的人。自己的生活可能一塌糊涂，但经济学对于理解社会、理解人生、理解自己以至自我解嘲是很有用的。生活是一个复杂的多面体，有时复杂得令人困惑。因此，多一个角度、多用一种理论、多一种方法对其进行分析，总会使我们加深对它的理解，活得更"自觉"一点。

因此我想这样一种以"生活中的理性选择"为主题、用经济学原理来分析人生百态的尝试，可能不无价值。

这不是一项严格意义上的学术研究，因为我不想，也不大可能从这本书的写作中提出什么新的理论命题。但全书的内容与结构，是符合一定的理论逻辑的：它实际上是在一般的经济学理论体系的框架之下，分析人世间的一类特殊的问题。因此，本书各章"生活化"的标题，其实可以转化为以下这些"标准化"的经济学教科书标题：

第十一章　市场均衡

第十二章、第十三章　案例分析

从具体素材的选择上，应该说全书具有较大的随意性，在每个理论环节上都只是一些信手拈来的实例加以说明。因为我想理论如果具有普遍的适用性，它就可以对任何一件，无论是大是小的实例进行分析，只不过不同的事例能够更突出、更明确地说明不同的道理。我不想旁征博引、仔细考证，只是把我自己的一些认识写下来，并放到适当的理论位置上去。既不想拉长了文字挣稿费，也不想板起面孔故弄玄虚，只是想以一种较为轻松的方式说说经济学的道理。尽管如此，写作中自己最感不足的还是对文献了解太少。原因是平时自己并不大读关于人生的论著，对别人已有的论述知道得不多。相应地，"辩论"的味道也就不那么浓。

在举例的时候，自然不免举些自己的经历与体验，作为"现身说法"。从根本上说，这倒还不是为满足那位编辑要我谈个人经历的愿望，而论题本身的要求：经济学认为每个人的行为选择，都是建立在他个人对什么是幸福、什么是痛苦的价值判断的基础上，而每个人的"价值观"或称"偏好体系"，是主观的、个别的、因人而异的。因此，严格地说，我们当然可以从人们的行为结果来推断他或她的价值标准，但真正在选择、决策的心理过程中的个中奥秘，只有我们个人自己知道。因此，阐明理论的最好办法就是把握自己经历过的一些事情、一些决策，作为一种个案引入分析。正因如此，我不仅在书中各个章节中散乱地提到了一些自己的经历，还在最后，用两个自己个人经历中最重大的"选择"（"为什么回国"和"为什么不下海"）作为案例，作了些专门的分析。当然，所有的案例分析，只起着举例的作用，只有它当中的某些具有一般性的道理，才适用于其他的情况、其他的个人。这种举例的方式，不过是为了读者更易于了解如何运用经济学的原理和方法，去分析一下自己那份独特的人生。

值得注意的是：经济学承认人的"幸福观"、"价值取向"或"偏好体系"是各不相同、因人而异的，这构成了经济学认为"各种活法对个人都可以是一个好的活法"的理论基础。这也是经济学比较"宽宏"的原因。正因如此，本书的主要结论之一，是"各种生活选择都可以有其合理性"，而不是想"教导"人们按一种模式去生活。对于经济学者来说，最难以接受的就是那种理想主义者或专制主义者（这二者其实很容易相结合），他们看这也不顺眼、看那也不顺眼，只有天下人都听他的话、按他自己的标准设计的"正人君子"的模式生活、行为，才能使他稍微心平气和一点。经济学想做的，只是提供一些分析问题，以便更好进行选择的方法，而它本身的任务不是改变人们的价值判断标准。换句话说，我在这里只想"传播"一点知识，把问题揭示出来给大家看，而绝不想"教导"人们如何生活。我们每个人都有对生活的理解，每个人都有自己所面临的特殊情况。分析的方法是可以普遍适用的，却没有普遍适用的结论或者药方。

选择与约束

　　一谈到"选择"，恐怕很多人的第一个反应是"我没什么可以选择的"，什么都是由别人（政府、父母、单位、社会等）决定了的。的确，生活中的许多事情似乎都不能由我们自己决定，相反，是由各种各样的外在因素所决定的，以至于许多人会产生一种"宿命"的感觉，觉得人的命运是由某种神秘的力量支配着，今天高兴了让你走运，明天不高兴了就让你"走背字"。所以在讨论"选择"问题之前，我们似乎首先需要讨论一下为什么在许多情况下"不能选择"，"命运"实际是一种什么东西。

无处不在的约束

其实，用经济学的眼光看问题，选择都是受限制的选择：天下从来不存在什么绝对自由的选择，没有人能够在进行选择时不受限制，也就是说没有人能够绝对地"为所欲为"。这个有限的、供我们进行选择的若干种可能性，就构成我们的"选择范围"。每个人在每一件事上都有一个特殊的选择范围，由一些不以我们自己决定的"外在因素"、"客观条件"、"社会环境"所决定。我们在许多情况下显得"无法选择"，甚至对自己的命运"无能为力"，就是因为那些主客观条件已经事先将某些更好的可能性排除在可供我们选择的范围之外了。所谓"最优选择"或"最佳选择"，都是在"矬子里面拔将军"，是在诸多不太好的可能性当中，选择"稍好一点但不能再好"的那么一个。总之，是在一个被限制的、可能实现的范围之中进行选择。超出这个范围的东西，对于我们来说是不可能实现的，只能"梦想"，不可企及。

这就好比经济学在研究消费选择时，首先要明确一个人的"可行的采购单"，说白了就是明确一个人买得起什么、买不起什么。如果一件物品的价格数额比一个人所能支配的全部收入还高，它根本就不能进入这个人的选购范围。比如一辆"奥迪"轿车五六十万、一栋别墅小楼几百万，比我们的全部积蓄甚至这一生预期的收入还高出几倍、几十倍，它们根本就还没有进入我们的"选择范围"之中——它们不是你"可能的消费"！换句话说，我们的收入水平，限制了我们所能进行的选择。我们只能在那些买得起的东西之间进行选择，比如我有一万元存款，我就买得起一套 9900 元的音响组合。许多人可能不会"倾家荡产"去买这套音响，但如果我就是有听音乐的强烈偏好，属于音乐"发烧友"之列，我总还是能够买得起的。一个人的收入越高，他的"可行的采购单"就越长，选择余地就越大；反之，收入越少，那个采购单就越短，选择的余地就越小。

机会并不均等

限制我们选择的因素很多。就"先天因素"来说，首先，你出生在怎样的家庭当中，成长在怎样的社会环境里，不是由你自己决定的。讨论这种"先天性"因素似乎没有什么意义，但实际上，人们在生活中会经常感觉到这个问题，许多大大小小的事情都会提醒我们这个因素的存在和它在决定人生旅途中的作用。我最早意识到这个问题是在八九岁的时候，看了电影

第一章
选择与约束

《农奴》。要说电影、文学艺术怎样能达到"宣传"、"教育"的效果，我想那部电影应该说是一个"范例"。看过电影之后好几天，我一直在想同一个问题：如果我生下来是个农奴怎么办？什么都没了，受饿受冻、挨打挨骂，王爷说让你死你就得马上死！后来去了美国，经常想到一个人生在中国和生在美国的差异。别的不说，同样是学经济学的，一个英语国家长大的人，至少比在其他国家长大的人有一大优势，就是不必再花那么多的时间去学习一门外国语言（英语）以掌握大量的现代经济学文献（因为它们大部分是英文的），不用在写论文时顾及语言上的障碍，在语言上多费那么多的工夫。我曾到非洲肯尼亚的首都内罗毕去参加一个国际会议，一天下午抽空一个人乘公共汽车到郊区游览，看到了一大片城市贫民区，许多失业的黑人青年闲坐在街道两边，周围是破败的棚户，房前屋后遍地是些脏水坑，身上的衣服也是脏兮兮的，不少人蓬头垢面。一个问题马上在我心中掠过：假如我出生在这里，会是什么样子？十几年前在河北农村插队时，我做过几个月的民办小学教师，教二、三年级的"复式班"（两个年级同时在一个教室里上课），班上有一个天赋极高的女生，不仅聪明，而且活泼大胆、能言善辩，不敢说是个天才，但至少比我记忆中的那些小学女同学都更有天赋，也更有进取精神。我不记得在我过去的同学中，有哪个女生（或男生）恨不得每次把手举到老师的鼻子底下，抢着回答问题，而且多半总是对的。我离开村子到县城工作之前，专门跑到她家和她的家长谈话，希望他们能让她上完小学，甚至再上中学。到她家后我发现，这户人家按当时当地的平均水平衡量，也只是一户贫困家庭：五个孩子里她排行老三，全家七八口人，三间草房，炕上只有一床被子、一张席。我还是把我的来意说了，家长口头上也说一定记住老师的话，感谢老师的好意。但我知道，等在这个女孩子前面的会是一种怎样的生活。能上完小学，在当地的女孩子中已是不错了，接下去就是帮大人养猪，照看弟妹，下田种地，然后是嫁人、生孩子。我不知她后来怎样了，但我一记起她，就会想到这样的问题：假如她生在城里、生在北京，命运又会怎样？我真心地希望她后来已经有了某种更好的机会，来利用和发展自己的天赋。一个人凭借自己后天的努力，能改变许多事情，但许多先天条件至少决定着你达到同样的结果，要比别人付出更大的努力。

"后天"发生的一些外在因素，虽然不取决于我们的选择，不由我们自己决定，但却决定着你的命运。这当中首要的就是种种社会因素。记得"文化大革命"开始的时候，我刚刚通过了小学六年级的毕业考试，接下去要参加升中学的考试，面临的选择是报考哪所中学。我当时最大的希望就是去"住校"，离开家庭去过独立的生活，那似乎很新鲜、很带劲，因此选定了清华附中、北大附中、人大附中（据说这三个学校都可以住校）

第一章
选择与约束

作为我的三个志愿。但还没考试，没有填志愿表，"文化大革命"就开始了，不仅不再有什么报考哪个学校的"选择"，而且干脆不再有什么升学考试，一年半后才"就近分配"，进了中学，又一年半后就"初中毕业"了。其实当时没上过什么文化课，数学学到正负数，英语学了一句，字母念到第 8 个（H）。然后就是上山下乡。我在小的时候，曾有过去农村的愿望，因为在电影里看到的农村，总是小河流水、绿树青山，静静的农舍、缕缕的炊烟，可以上山采果，可以下河摸鱼。但真正到了要上山下乡的时候，人已经大到懂得农村生活艰苦的程度（中学里两次下乡劳动已有了实际的体验），已不再谈得上什么愿望和选择。当时唯一的"选择范围"是去东北还是去内蒙古，我们那一批"69 届毕业生"，没有去农村插队，没有留城进工厂，而是"连锅端"去了生产建设兵团，只能在去什么地方的问题上还有一些选择余地，但也不大，因为按比例，北京 13 万毕业生，11 万要去东北，只有 2 万去内蒙古。

父母家庭当然更是不能选择的，而他们总是决定一个人生活道路的第一个外在因素。我的父亲母亲都是新中国成立前大学毕业的建筑师，这决定了我从小就能获得较好的家庭教育，有一个较浓厚的"家庭文化氛围"，经济状况一直也还不错，这些好处使我从小打下了较好的文化基础。但这一切又由中国过去的那种社会状况所决定，会成为一个人的"家庭包袱"。父亲在 1957 年被划为"右派"，三个叔伯中有两个也是"右派"，"文化大革命"中有一个还被定为有"特务嫌疑"，这就决定了我后来不能参军，不能上工农兵大学，事事都要排在别人后头。在中学里的时候，就有了一顶"可教育好子女"的帽子，与"红五类"们相区别，以后到了兵团，"家庭问题"更是与我形影不离。由于喜欢写点东西，领导几次想让我做文书、秘书、报道员之类的工作，但几次"政审"，外调材料一来就都告吹了，结果只是使"档案袋"越来越厚，工作却从来没有调成。1975 年年初传达毛主席指示，批判"资产阶级法权"，我有幸被派到师部参加一个理论学习班，主要是学习《哥达纲领批判》等几篇马列著作，师部宣传科的两位干事给我们辅导。现在已记不清是为了什么，在哪个问题上，总之是一个相当抽象的理论概念问题，我不同意辅导员对原著的理解，并在小组讨论时讲了自己的看法。我发言的第二天，这件事被上升为一个"政治事件"。团里带队的一位团部首长以前在我们连蹲过点，知道我的情况，"政治警惕性"非常高地在学习班领导小组会议上指出这是"右派子弟"借机干扰学马列，矛头指向上级领导，于是先是取消了我原定由小组推荐在第二天大会上发言的权力，第二天又命令我提前回团，停止参加学习班。没有人找我谈话，更没有人找我讲在理论问题上犯了什么错误，只是人人都开始议论我是"右派子弟"。

第一章
选择与约束

"文化大革命"的结束，标志着中国几千年历史上"出身政治歧视主义"的统治告一段落。(我不敢说这种"主义"已经终结或不会再旧病复发，即使我们这里仅指"明文规定"或制度化了的"出身政治歧视主义"。) 今天的青年人，一般说来，再也不会因上一辈人的政治恩怨而被划入"另册"了，这无论如何是一个重大的历史进步，是我们中国人的"文明程度"的一大提高。现在大家已经越来越熟悉的一个词是"机会均等"。这是一个具有广泛社会涵义的概念。就人与人之间来说，事实上在许多方面可以是不均等的，有的是由一些先天的因素造成的，比如说一个人的生理构造、遗传基因与别人不同，智商特高或者特低，身体特好或者特差，左脑或右脑特别发达等；而更多的差别，则是后天因素造成的。在诸多的后天因素中，有些是自然的或物质的原因，比如最近有一些研究成果显示，沿江沿海地区的人之所以较内地的人更聪明些是因为他们从小更多地吃鱼，而鱼肉里有一种什么东西特别有利于脑体的发达。(看了那则报道之后我加紧吃鱼，不知还能否补上。) 但更多的差别，是由后天的一些社会因素造成的。即使像体质好坏这样的物质差别，一般说来一个人的身体好坏，很大程度上取决于小时候的营养水平 (从这个意义上说，我们现在的"一个孩子好"的人口政策，也有利于社会平等，因为这会缩小每个人幼时营养水平的差别) 以及后来社会的物质生活条件；在教育、就业、经济、收入、竞争条件、社会地位等方面，就更取决于一个人所具有的家庭背景、文化程度等。正如马克思所说的那样：哲学家与搬运工之间的差别，从先天条件上看是很小的，很大程度上是后天造成的。个人兴趣与个人努力当然是造成哲学家与搬运工差别的一个重要的后天因素，但即使是个人兴趣这样的因素，更多也是上面所说的种种社会因素造成的。比如，激励哲学家努力读书去当一个哲学家的那个兴趣或志向本身，就可能是与从小特殊的家庭背景、邻里环境和所受教育等分不开的。美国黑人犯罪率高，很大程度上是因为他们从小生长在一种贫困、受人歧视的社会环境之中。社会发展的一种重要目的，就是要不断地缩小和减少所有这些方面的差异。"机会均等"就是要给一个人在人生起点上，创造出平等竞争的条件，从幼儿营养开始，直到所受教育和参加就业的机会。许多国家采取对育儿母亲的优惠政策，目的不在于父母，而在于儿童，是为了缩小儿童之间在成长条件方面的差异。

我们生活的社会，仍然存在着许多方面的机会不均等，不均等的程度应该说还相当大，需要随着社会的发展、经济水平的提高而不断缩小，而不能再人为地加以扩大。像"家庭出身"这样的因素，在政治上，现在已不再是造成机会不均等的原因，但这不意味着在其他方面，不会造成机会不均等，还需要有更多的社会政策逐步加以克服。比如目前仍存在的"户籍制度"，造成并维持"城里人"和"乡下人","大城市人"和"小地方人"之间的差别，是一个具有"中国特色"的人为因素，显然也应随市场经济的发展而逐步消除。我不知道在我的这一生能否看到普遍的城乡平等（不一定是收入平等，但是机会平等）的实现，但我相信我们早晚应该有这一天。在国外曾看到电视上的一则报道，在荒漠上的一个被废弃的小镇上孤零零地住着一个汉子，过着极为简单的生活，记者问他为什么，他回答说，前几年曾去拉斯韦加斯生活过几年，后来嫌那里太乱，又回到了这片家园。我们的经济什么时候也能发展到这样的水平，不再需要对城乡之间人口的转移作任何人为的限制，而只凭人们根据自己对生活的偏好进行自由选择？

我们这一代人，对于人与人之间机会的不平等，我想应该说有着较为深切的感受。因为我们走入社会之初，就一下子到了社会的"最底层"。那种在最底层的感受，第一，并不是一般的"下乡体验生活"的人所能获得的，甚至不是那些下乡时就已事先知道两三年后可以招工回城，比我们晚几届的知青所能体验得到的。我们当时在农村的确得不到比当地人更多的机会，确实有一种看不到其他出路、"选择范围狭小"的感受。政府有一些针对知青的特殊政策，但在我们的理解中，这些政策也只是在我们"落户"之初提供一些方便。第二，这种感受也是原来就在"底层"的当地人所体验不到的，因为他们的生活并没有发生大的变化，没有构成反差。他们的生活很苦，但却是历来这么苦，苦到了事实上不再有别的什么更高的奢望。上山下乡，无论如何应该说是一个难得的人生经历，它最能造就出一个人的平等观：在一夜之间，你会发现你作为"城里人"的一切优越之处，都已荡然无存，变得毫无意义。在你面前的机会，事实上比当地人还少，你在事实上已不如当地任何一位你过去可能看不起的"乡下人"。只有这时，你才会发现，一切作为生物的人事实上是平等的，你的那些所谓的优越之处，其实都是社会后天造就的，因为这时你已不再比任何过去认为"鄙贱"的人有任何的高贵之处。

选择的余地

前面我们所说的"选择范围"的概念，具有很强的概括性，它既能够表明人与人之间在选择问题上的差异，也能够表明，任何人无论条件多么差，却也总还是面对一个一般性的问题，即如何在自己所面临的特殊的限制条件下进行选择。虽然不同的人所面临的选择范围是不同的，但人与人之间在选择条件方面的差异，只在于选择范围的大小，而不在于是否受限制，也不在于是否需要进行选择。没有人可以任意地、不受限制地进

第一章
选择与约束

行选择，也没有人不需要进行选择、不能进行选择。有的人各方面条件都很优越，天赋很高，在众多可能性当中游刃有余；或者因有钱有势，选择范围也会很大；有的人则要钱没钱，要权没权，生在农村，长在贫困户，自幼失学，又赶上政治动乱，总之所有的倒霉事都赶上了，选择范围就会很小。但是，"选择范围"这个概念却可以表明，再"走运"的人或再有权势的人，选择也总会有一个范围，不会有绝对的自由；而一个再倒霉的小人物，选择范围再小，也总还是可以在极少的几种可能性中做一下选择。

　　比如说，即使是一个世界首富，从经济条件上看，也不可能什么都买得起，比如说他不能买下一个国家，更何况还会受到其他非经济因素如政治、道德观念等因素的限制。在我们所亲身经历的社会历史中，作为一代伟人的毛泽东权力是很大的，可以决定千万人的命运，选择余地似乎是无限的，甚至可以发动起一场"文化大革命"，把中国翻了个个儿。但现在我们都已知道，他的自由也不是无限的，也有无法左右形势的一天。"潘多拉盒子"一旦打开，妖魔鬼怪一来到人世，人世间就又多了一些"约束条件"。反过来说，再小的人物，处在再不自由的环境当中，你仍然很难说绝对没有选择的余地、完全不能选择，除非让我们把话说到极端，真正的"绝境"是你被关了起来，周围的墙是软的，不吃饭有人给你打点滴维持生命……就是说，想选择"死"都不行。

就当年我们上山下乡这件事来说，在一定意义上其实也可以说是我们自己"选择"的结果。当时当然不可能再选择升学或进工厂当工人等，因为学校已不再招生（事实上是已经没有了学校），工厂在当时也绝对不会"冒天下之大不韪"招你当工人，但即使这样，仔细分析起来其实还是存在着另一条可供选择的路，那便是硬待在城里不走，也不要什么工作。只是，这样做显然成本太高，自己和家人都承受不起。首先要挨一顿批判，学校、"工宣队"和街道负责人会三番五次地找到你家里来做工作，做你的工作和你家长的工作；家长单位也会对家长进行批评以至于惩罚；然后你自己成为无业游民，整天无所事事，让父母抚养；你会不再有朋友，邻居们会瞧不起你，骂你是个小无赖，等等。于是，相比之下，上山下乡更是条"正路"，年轻轻的吃点苦也没什么，更何况在当时的社会风气下，在所受的各种教育和宣传下，那时的价值观念本身也会使你自己去选择上山下乡这条"光荣的道路"。现在回过头来说我们当时都是被"逼"下去的，并不完全符合现实——我们那时还是在一个狭窄的、扭曲的、被社会限制的选择范围内选择了"稍好一点"的道路。

下乡之后，我们的确仍然没有更好的选择余地。就我个人来说，由于兵团战士本身所处的地位（我们本身是"农业工

第一章
选择与约束

人"）和我特殊的家庭背景，我不能被"招工"，不能去当兵，也不能去当工农兵大学生，但是我毕竟也还有一个选择，就是"转插"——从原来下乡的地方转到另一个农村去插队（我不知道比我们小十几岁的现在的青年人是否还知道"转插"这个当年无须任何解释的通用缩略语）。这当然也不是很容易就能做到的，但毕竟是政策上、制度上允许的，存在着这样一种选择的可能性——"往上"走不成，总还可以"往下"走或"平调"，放弃工资收入、放弃作为国营农场职工和吃商品粮的待遇"转插"到农村去当一名挣工分的社员。1975 年，在黑龙江生产建设兵团待了 6 年，在一切能尝试的希望都已破灭之后，在感到再混下去实在没有意思之后，我做出了人生当中第一次由自己独立决定的重大生活选择：转插到河北农村去。当时，我的一个堂哥去河北省北部的围场县插队，后来被上调到县文工团工作，于是可以给我提供一个"投亲靠友"的理由，加上他与原来所在社队之间的良好关系，那里愿意接收我这个额外插进来的"知青"。(现在想起来，我对他们同意接收我还是感激不尽的，因为可以想象，对于一个每个工作日的工分只值两毛几分钱的塞外穷山村来讲，多一个人意味着什么。)

从一定意义上说，当时的"转插"是选择了"下坡路"，是选择了"更坏"的结果。首先是生活的确更艰苦了。到村里后第一天参加劳动，就是推小车拉土，平整土地。小车是独轮的，并且是木轮。曾见到有文章说三国时诸葛亮发明的"木马流牛"，就是这种木制的独轮车，2000 年未变的生产方式，与兵团农场的拖拉机形成了鲜明的对照。冬天里每天只吃两顿饭，晚饭一般只是玉米粥，五点钟喝完，到七八点钟人就开始饿得发慌了。河北塞外的气候，不比东北暖多少，冬天屋子里却只有炕上有点热乎气，冻手冻脚冻耳朵。没有了经济收入，要靠家里接济，加上一个人没有了同学、没有了好友，唯一的亲戚即堂哥远在 50 里外的县里，没有电话相通，总之是闯进了完全陌生的世界，经历了一生中最为深重的孤独。

但是，从另一些方面看，我想我当时"转插"还是颇有所得的，从生活的全部意义上说不能认为就是作出了"更坏的选择"。首先是到了河北，虽然仍然在边远的山沟里，但毕竟感觉离北京近了点，离我认为的这个世界的"中心"近了一些。更重要的还是我希望能由此增加一些改变生活现状的可能，这一点事后证明是对的。没有多久，我就发现农民们和县里的干部们，不像兵团首长们有那么强烈的关于"右派子弟"的概念。他们对城里来的"有点墨水"的知青，总会给点特殊的关照，加上我哥哥上上下下的关系和在县里帮我使劲，不到一年的时间我就被借调到县文化馆，专职搞群众文艺的创作，有了一个读书写字的条件，感觉自己多少有了点用途。其次，从知识或阅历方面说，我有了一个了解真正的中国农村，从而了解真正的中国的机会。生产建设兵团也是农村，因为我们毕竟也种庄稼，但是，从物质技术条件上说，作为国营农场，那里已用上了拖拉机、康拜因，机械化、电气化的程度已相当高，显然是中国大多数农村所望尘莫及的。虽然有的时候会提出个"小镰刀胜过大机器"的口号，把机器放在田边不用却让我们到地里去耙，毕竟还不是像当时的多数农村那样只能完全依靠人的两只手。从制度上说，兵团可以说不是真正的农村，我们也不是真正的农民。我们具有十分独特的身份和地位，我们是"工农兵"：首先是拿工资的国家职工，属于农业"工人"的范畴，有福利，有劳保，有公费医疗，打不出粮食国家给调，亏损了国家给补，我们连队 130 多人，干一年亏损十几万元，粮食亩产连年下降，可我们的工资照发，旱涝保收，这是广大农村公社办不到的。但我们又干农活、种庄稼，因此仍可以说是农民；同时又是"兵"，是兵团"战士"，兵团是"解放军序列"，要出操、打靶、"拉练"，有的连队还发枪，连营领导都是复员军人，团以上的主要领导干部都是戴领章的现役，边境上要是打起来，我们按计划是要第一批冲上去的。从某种意义上讲，我们得天独厚：去了一个地方，体验了三种生活，或者说三位一体的生活。但是从社会经验来说，在兵团你了解到的主要还是国营企业和军队营房内的运行机制、人际关系和生活方式（这种经验，包括对"兵营"或"军队大院"的了解，当然也使我

终身受益），对于真正的中国农村，我们仍然十分陌生。我在
1975 年已经有了点对社会科学的兴趣，读了些书，懂得了不了
解中国农村就不会理解中国社会的道理，与其在兵团毫无希望
地混下去，还不如干脆下决心换个地方，到真正的农村去认识
一番真正的"乡土中国"。有了这么一种心愿，转插后生活虽
苦，却也感觉有了一定的"回报"。这一段真正的农村生活，
对于我现在所从事的职业，无疑是大有裨益的。一谈论什么经
济发展、体制改革、民主建设，你立即会想起那些光秃秃山梁
下世世代代辛勤耕作的乡亲，想起大队办公室里那昏暗的油
灯，想起社、区、县三级干部会议上那呛人的"火烟"味
道……

其实过后仔细想想，当时"转插"的决心其实也并不难下：
当一个人的境况已不能再坏的时候，任何别的选择就都是有道
理的了，它不一定更好，但一定不会再坏。到了农村，我反倒
觉得有了一种"自由"，因为我意识到，在中国一个农村社员或
许是最不怕"犯错误"（"政治错误"）的——一个国家职工犯
了错误会被"开除公职"；城里的人弄不好会被遣送回原籍或
"下放农村"；而一个农民，已经在农村了，除了罪犯以外，在
社会中的"级别"已经不能再低了，你还能拿他怎样？

社会进步的意义

一个人在生活中的选择范围，是由前面提到的许多因素共同决定的，其中最重要的社会因素，我以为就是由一个民族的全部历史进程（包括各种"必然因素"和"偶然因素"）所决定的社会环境和一个人在整个社会关系中所处的地位。"社会环境"在经济学中也称"制度环境"，可以说是一个很大的概念，包括许多因素，既包括法律、规章、政策等构成的正式的政治经济制度，也包括社会上通行的或占统治地位的道德规范、文化传统、意识形态等。实际上，所谓制度、法规、政策等，在一定意义上，所起的就是为人们划定选择范围的作用，规定你能做什么、不能做什么，能做怎样的选择、不能做怎样的选择。"制度"说，取消大学教育制度，你就失去了上大学这个选择；"政策"说，不在应届毕业生中招工，你就不再能当工人；"章程"说，"右派"的孩子不能参军，于是你就不能当兵；"规定"说，土地必须都种粮食，于是没了菜吃，等等。人的选择范围由其所处的社会环境所决定，也就意味着，当社会环境即社会经济体制、法规、政策等发生变化的时候，你的选择范围也就会发生相应的变化。我们这一代人的经历中，最突出的还不在

于选择如何受限制，而是一个人的选择范围如何随着社会环境
的变化而变化，个人生活这个小"变数"，是怎样由社会环境这
个更大的"变数"所决定。也许是我们这一代人特别有幸（还
是"不幸"？）生活在一个大变动的时代，在不知不觉当中，从
自己经历的生活、经历的时代里，我确实相信了那个辩证法的
最基本原理：一切都是可变的，一切都还会变；任何时候都不
要相信一切都已"定型"了、不会再变了。它不一定总是往好
了变，不出现"曲折"，更不一定按照我们自己的愿望变，但它
一定还是可变的，许多情况下是以出乎我们意料的方式变化的。
往小了说，当初怎么能想象我这样"早年失学"的小学毕业生
还能上大学、出国进修，当博士、研究员？往大了说，仅仅在
几年前，谁能想到柏林墙会被推倒、前苏联会解体？两个超级
大国的对抗，在当时看似乎是一个无解的难题，唯一的"解"
似乎就是两个核怪物你把我摧毁几十次、我把你摧毁几十次，
当然还要"捎带上"我们这个只能被摧毁一次的星球。但谁想
得到，到了80年代末90年代初，整个事情变得面目全非，苏联
这么一个"巨人"落到向西方要救济的地步。我一生中第一次
深刻地感受到世事的"可变性"，是在"林彪事件"以后。记
得那天是在山上伐木，一个好朋友趁着山林僻静，身边无人，
悄悄地告诉我他得到小道消息说团部正在传达中央文件，说林
彪出事了，他自己表示还无法相信。我倒是很快就信了。那时

第一章
选择与约束

虽然才18岁，但由于早早地"关心国家大事"，早早地接受了"革命的急风暴雨的洗礼"，多少已有了一点"政治敏感性"，因此已经在此之前就注意到了批陈伯达时批到了林彪一贯挂在嘴上的"天才"一词，还有"十一"没有游行，国庆活动中林彪没有露面等。但我还是感到莫大的震惊。从"文化大革命"我接触到"国家大事"开始，林彪就是"副主席"、"副统帅"，是写进党章的法定接班人，我们天天要祝他"永远健康"，说完蛋这么一下子就完蛋了，这世道在我的眼中从此也就大变了一个样。

社会环境变化大，个人生活变化多，有一个好处，就是便于对生活的研究，便于对我们在生活中所面临的决定我们命运的各种因素有更深入的理解。经济学中曾发生过的一个争论是，有人认为只有现代人才懂得进行"理性选择"，而中世纪的人只会按"习惯"办事。其实仔细想一下，一种"习惯"最初也是人们在一定条件下的一种选择，只是到了后来，各种条件长期不变，人们没有必要去改变最初的那种选择，结果形成了"习惯"，甚至形成了按习惯办事的习惯，形成了"积习难改"的麻烦。漫长的中世纪，生产力水平本来较低，人们在很多情况下都靠战争掠夺重新分配财富和经济收入，循环往复的战乱更阻碍了生产技术的发展和进步，结果生产条件长期不变，上一代人和下一代人所面临的经济社会条件几乎没有什么差异，多数人自然没有什么重新进行选择的必要，对他们来说，"最经济"的办法或"最优的选择"其实就是按习惯办事，按上一代人已经作出的选择办事，不必去费什么力气去作分析、比较、思考、选择。而长此以往，人们"重新选择"的能力自然也会衰退。而在现代经济中，科学技术日新月异，产品花样不断翻新，逼得人们不断地在新的条件下作出新的选择；人们选择的能力也越来越强，以选择为主题的经济学也才得以发展起来。而在一个变化大的时代，我们则正可以对生活中的"理性选择"问题进行一番深入的研究，也较容易感受到新的选择余地的出现，对人们意味着什么。

我们是在"文革"最激烈的日子里懂事成人、走入社会的。因此，从个人生活选择的角度看，我们最初走入社会时所面临的选择范围最窄，以后逐步有所加宽。因此，我们没有像我们的前辈一样经历选择范围由宽变窄的过程，而主要经历的是在"文革"结束后的这十几年里，它如何一步一步地由窄变宽。最早是1977年"恢复高考"，使我们有了一个新的改变现状的机会。记得我是在一个公社铸铁厂"体验生活"（作为县文化馆的创作人员）的时候，从收音机里听到"恢复高考"的消息，当晚就赶回县里与我哥哥和其他好朋友商量利用这个机会的可能性。我只有小学毕业的文化程度，虽然"文革"这些年没少读杂书，但从未学过数理化，考上大学的希望应该说比别人小得多，但有了这么一个新的选择机会，毕竟多了一种改变现状的可能性。

后来社会的变化就越来越多了。集市贸易、市场经济的发展、价格双轨制的实行、承包制后农村经济的活跃，对于我们这些在计划经济体制下出生的人来说，都是新鲜事物。"双轨制"的道理其实很简单，就是在保留原有的那个购买机会的前提下，使大家多一个购买或销售的机会；在原有的选择范围保留的前提下，再多开出一块选择范围。在原来的固定价格下，物品短缺，一方面是没人愿意多生产，另一方面是排队、脱销、走后门，现在放开一个"口子"，你要不怕价格高，也就是舍得花高价消费并认为值得这么做，就到自由市场去。多花了钱，但少了排队的辛苦或走后门的麻烦与开销，算下来一定还是值得。再往后，就是劳动就业选择机会的增加，选择职业的余地扩大、民营经济的发展、对外开放和对外交流的扩大、公派出国与自费出国政策的放宽、文化生活的丰富，以及经济收入的增加，这都使人们获得了更大的选择的自由。

我们这一代人，刚从青年时代里走出，坐到一起，经常感叹现在的青年人有多么幸福，设想假如我们当初也有现在这么多的选择，我们会去干什么。"傻博"们坐在一起，会感叹这年头"博士"头衔的前面居然加上了一个"傻"字。有的人会说如果允许在今天的条件下，重新再活一次，大学总还是会上的，但研究生、博士等上还是不上，恐怕就要另当别论了。想一想我们十几年前上大学之后，这社会已经发生了多大的变化，"傻博"的称谓，正是在这十几年中才出现的。博士们并不特别的聪明（你可以说他们缺乏"预见"），但也不是特别的"傻"，他们只是在当初的特定条件下，在他们当初所面临的特殊选择范围内作出了他们自己的特殊选择。从现在看来可能是"傻"的决定，当年可能还是聪明的。(或者以后再看，也还会是聪明的。) 社会的进步，从一定意义上说就表现为人们选择范围的不断拓宽，或者说，可以就用人们选择余地的大小，来衡量社会进步的程度。比起我们的上一辈人或再上几辈人，我们终究还是幸运的。我们赶上了改革开放的年代，我们失去的还不算多，我们毕竟还有机会再作一些选择。

既然人的命运总会在一定程度上取决于人们所处的社会环境，那么一个直接的结论就是：当我们因社会条件所限缺少选择机会、不能实现自己的愿望和改善自己的境况的时候，就不该只抱怨自己的"命运不济"，而是要努力去改变社会环境本身。社会经济体制是一个关系到我们大家切身利益的东西，在经济学中也可以被算作一种"公共物品"，就是说，它可以被大家共同来加以享用或给我们大家带来痛苦。如果我们每个人都一边唉声叹气地抱怨自己命苦，另一方面等着别人去冲锋陷阵搞改革，改革就永远不会成功，就像如果人人都想搭别人的便车，就会没有人去开车的道理一样。我自己是不那么富于"牺牲精神"的，但我们这一代人中有许多已经为了这个社会的进步付出了巨大的努力，我想这与他们对个人福利与社会进步之间的依存关系有深切感受是分不开的。

我相信我们这个社会能为人们提供的选择范围还会进一步拓宽。

幸福的评价

　　明确了生活的选择会怎样地受着外界因素的限制，我们可以进一步深入而集中地谈选择问题本身。在前面先谈选择所受的限制，然后再具体谈我们自己如何进行选择，这是与我们所经历的历史进程相吻合的：从我们这一代所亲身经历的社会发展过程来看，开始时最突出的问题是如何地受到限制，而发展到今天，限制少了，选择余地大了，于是更突出的问题变成了如何在那么多的机会和还在不断新出现的机会当中进行选择。当选择范围狭小时，你没有什么机会可以选择，一切似乎都是命中注定或他人给你安排好的，人们感受最深切的问题当然是"受限制"或"不能选择"，只有当选择范围扩大、选择机会增多时，我们才会感到如何选择的问题的重要性。过去你走一步路，走错了，责任可能不在你自己，因为你只能这样走，而现在则不同了，条条道路都可走，你得自己作决定，走错了责任在你自己，弄不好将来会后悔莫及。机会多其实也有机会多的麻烦，"自由"的代价是"思考"，就像商店里东西多了我们反倒不知道买什么好。当初饭店里只卖包子稀粥，你进去就吃，现在有了一个长长的菜单，你反倒要坐在那里琢磨半天。这也可以解释为什么在传统的"指令性"经济中净出懒人，大家的"选择"功能都会退化（而发"指令"的人则累得要死，还总要挨骂）。搞市场经济之后，大家才逐步地变得"精于算计"起来，这是机会多了逼出来的。

多样的幸福

人生在世，究竟怎么活着，为了达到怎样的目标，各人会有各人的说法，这一点我们以后再论，但在这各人的各种说法背后，我们可以找到一种共同的、大家都不会否认的东西，或者称生活的一般目标，那就是所谓的"幸福"，或"快乐"，或"满足"，总之是人人都想活得更好，更好地活着。这可以说是一个不言自明的道理。哲学家早就指出人的天性就是"趋利避害"。而所谓"选择"的问题，说白了就是在各种可能的条件下，选择那种能为自己带来较大幸福或满足的较好的活法。

但是，仅知道生活是为了追求幸福或满足，你还是不会选择，因为幸福或满足这样的概念（经济学中对此的专门术语是"效用"），实在是一个意义广得不能再广、泛得不能再泛、一般得不能再一般的概念。而之所以如此，就是因为天下有太多的东西能给我们带来幸福或满足。

有钱显然能够给我们带来幸福。在一个商品经济的社会中，钱能与各种物品相交换，所以有钱首先意味着可以使我们对衣、食、住、行的各种物质需要得到满足。对于穷人，或我们这些穷国中的芸芸众生来说，物质上的不满足必然会导致对物质富足的极大追求。一家三代七八口人挤在一间十来平方米小棚户里的人，得到一套四居室的公寓，一定使全家幸福得几天睡不着觉。对索马里的难民来说，一碗饭可能意味着救活一条生命，那一碗饭所能提供的满足可以说是无法用任何价值指标来加以衡量的，因为问题已经严重到生死之间。有了钱可以买私人轿车，可以使我们免除挤公共汽车之苦，不必每天在寒风中伫立多时，翘首企盼姗姗来迟的汽车，再像冲锋陷阵一样挤上去一站一个多小时。有了钱还可以四处旅游以至于周游世界，住大宾馆，吃大饭店，领略欧洲的文化、美洲的风情。若在一个"金钱万能"的社会中，你有了钱还可买权力、买女人，以至于买奴隶，如果你自己不觉得受到道义或良心的谴责的话。即使钱什么也不买，只是钱本身，也可能给人带来满足，那种守财奴、吝啬鬼，像巴尔扎克笔下的那位葛朗台先生，家财万贯，却四壁如洗，每天数数钞票听听钱币的声响，便可获得极大的满足。

没有钱，只有物，一样能给人带来幸福。钱，这个东西本来就是自商品经济发达之后才被创造出来的，在此之前人们的满足直接来源于他们自己生产出的物品，或掠夺来的战利品，或臣民们献上来的贡品。在现代社会中，商品经济不发达或不完全，或者是由于人们出于某种特殊的原因（比如为了隐瞒收入、逃避税收、损公肥私等），也仍然会出现实物形式的收入分配或物物交换。这些年我们消费的许多物品，并不是我们自己拿钱去买的，而是"公家"发的。正月十五发元宵，八月十五发月饼，五一、十一、元旦、春节，更是鸡鸭鱼肉、大米白面，无所不发，以至于发展起了一个举世无双的家用冰柜的市场，以免发的东西发臭。当然并非到处如此。我所在的社科院，"清水衙门"，这些年不是一点没发，但的确不足挂齿，而据说有的地方职工一年四季只需自己买点青菜，其他都由单位发。(顺便说一句，这个"地方"同时是一个亏损大户，银行挂了一大堆账，并且老在抱怨国家不给它自主权和优惠政策。)经济学中强调要去统计人们的"实际收入"，而不只是"货币收入"，这在一个收入实物化的经济中，显得特别重要。还有一种不需要金钱也能"满足"的情况，便是一些大大小小的"清官"，没有钱也可以高消费，叫做"两袖清风，大腹便便，不戴将军帽，也有将军肚"，不拿别人的钱，也没有礼品拿回家，但出门豪华轿车，吃饭山珍海味，坐头等舱、住五星级宾馆，国内国外四处旅游，都由公款报销了，自己拿着钱反倒麻烦。当然大腹过于便便，也会带来痛苦(经济学中称为"负效用"，也就是幸福的反面)。据说有一个有权的单位，体检时发现 50% 的人得了"脂肪肝"，分析下来都是宴会吃得太多、太频的缘故。

　　没钱没物，只有"权"，也能带来满足。在许多情况下，高官不一定意味着厚禄，而只意味着要多尽义务。在我们国家长期实行的公有制和平均主义分配制度下，一份官职只意味着要吃苦在前、享受在后（以权谋私之类是违背这一官职本身所体现的原则的），有时按照"官本位"计算该拿的你也不能拿，至少要靠后一点拿，否则"群众会有意见"，你今后的日子也不好过，"群众"和你闹别扭，你又不能把他们开除，你的权力行使起来也就会不那么灵便，还不如"有福同享"反倒对自己有利。其实官职或权力（这里特指"公共权力"）本身无疑是个好的东西，它是社会责任的象征，是对一个人工作中的勤奋、对业务的熟悉、组织管理才能大和社会责任感强的一种社会承认。它意味着一个人可以在较广的范围内、较大的事务中对社会作出较大的贡献。许多人正是出于这样一种自我价值实现的目的、取得社会承认的目的、更多地为社会和人民服务的目的而谋求官位的升迁与权力的扩大。此外，这世界上总是既有君子又有小人，有的时候，君子不去掌权，小人便会得志，君子从道义上也应为了人民的利益而去与小人争权；君子被放到了官位上，意味着正义的胜利、更多人的幸福，君子们就更能体会到升官所能带来的满足。不过这也就是说，官位带来的满足，并不是在任何人那里都具有上面所说的那种高尚的和积极的意义。对于那些小人来说，官位和权力本身则意味着发号施令、前呼后拥、高高在上、仗势欺人等所能给他带来的那种特殊的"幸福感"。

第二章
幸福的评价

既无钱，也无权，从事一项对社会进步有益的工作，成就一些他人不能成就的事业，受到他人的尊敬，同样能够给人以满足。"尊敬"本身可以对人意味着很多。中国的知识分子收入不高，社会待遇也不怎么好，一段时期里还被当做"臭老九"对待，连算不算作"工人阶级一部分"还要争论半天，可还是有许多人勤勤恳恳地工作，乐此不疲，别人称之为"傻帽"，也只淡淡一笑了之。我想，很大程度上就是他们所从事的工作本身能给他们带来的快乐在起作用，是他们事实上所能获得的社会尊敬在起作用。无论一些政治运动如何以知识分子为敌、怎样宣扬"读书无用"，我们中国社会其实从骨子里还是尊重知识、尊重知识分子的，关于这点我们知识分子自己应该有所觉悟。我最初体验到这一点，是在河北农村插队的时候。转插到了围场县棋盘山公社，干了3个多月的农活，后来被安排去做民办小学的教师。对于我来说，比起下地劳动，这简直是再轻松不过的事了，收入少一点我也愿干，可按规定我干这份工作竟然可以拿与小队长同等的工分，每月还有15元的教师津贴，这在当时当地简直可以说是贵族了，让我第一次感受到我的那点知识竟然还这么"值钱"。后来的情况当然就更好了许多。前两年有一次我在北京街头开车违章，警察看看我的驾驶执照，又看看我，故作严肃状："社科院的，臭知识分子吧！下次注意，快走！"没挨训也没罚款，算是享受了一次特殊待遇。"臭知识

033

分子"这顶帽子，在不同人的心目中其实有着不同的涵义。

生活中能给人带来幸福和满足的事情真是太多了，而且问题在于不同的事能给不同的人带来不同的满足。做好事能给人以满足，比如助人为乐，能使雷锋感到幸福；做好家务，操持好一个家，也能产生成就感；使坏也能给当事人带来满足，比如"恶作剧"能给捣蛋鬼带来快乐。对有的人来说，抽烟如同服毒，但对烟民来说，能使他"赛过活神仙"。毒品难禁，就是因为它能使人产生暂时的和虚幻的满足感。而正是毒品这个东西，使以个人满足和个人选择为大前提的自由主义经济学理论陷入了困境：按照这一理论，一切选择都应由个人根据他自己对幸福的评价作出，别人不应干涉，而吸毒在最初可能（并非全部）就是出于个人的选择，有的吸毒者甚至公开宣布就是不管自己身体如何受损，也要图一时的享受，我们为什么要对其进行干涉，强迫人们进戒毒所戒毒？毒品既然有需求，就应该有供给，为什么还要取缔毒品的买卖？童工这样的问题可以以童工尚未成年、不具有进行合理选择的能力为理由取缔那个"市场"。而在吸毒、卖淫这样的问题上，我们要么只能以它们所造成的坏的社会效应、对他人的不良影响以及与它们所引起的其他犯罪活动为理由来论证为什么必须将其取缔，要么就只能假定我们比当事人自己更知道什么对他才是真正的、长远的幸福。

闲暇的快乐

这里或许特别值得一提的是，什么也不干，也能提供满足。什么也不干，也就是闲在，经济学里称为"闲暇"，文雅一点说是"闲适"。除了家财万贯、可以不干活也有吃有穿的真正"有闲阶级"之外，我们社会里的绝大多数人不可能真的什么也不干，至少还得挣钱吃饭。但有的人完全可以既不求升官，也不求发财，不去劳心费神上学考试搞什么理论研究、发明创造，拣个费力最小、工资说得过去的工作，每天上班安分守己做好本职工作，下班按时回家，看看电视、搓搓麻将、听听录音、读读小说；世界杯足球赛时蹲在家里看电视直播，帕瓦罗蒂来了找找门票；星期六邀几个朋友喝酒侃山，星期天携妻带子逛公园商场；年轻的时候跑跑步，年纪大点练气功，身体精心保养，不熬夜，不发火，心平气和、延年益寿，直到每天早晨拎着鸟笼子漫步街头。这种所谓的"平民生活"，说起来显得"平庸"，其实那当中的一份"闲适"能给人带来的满足，对许多人来说，并不一定就比整日奔波劳累、费心耗神求得的功名利禄所能带来的满足少几分。

我们下面将会谈到，由于幸福或满足这个东西取决于个人的主观判断，因此是难以进行人与人之间的相互比较的，但是我们也可利用一些客观标准来衡量一下谁更"赚"了。比如说，我们现在是电视时代，大城市里的电视普及率已到了90%以上，人人花一两千块钱就可买一台彩电，成本是一样的。而在另一方面，电视台和大大小小的电视艺术中心以及各式各样的"野班子"，整天在那里几百万、几千万元地赶制各种电视节目，每天都有几套连续剧、译制片之类的播放，供公众坐在家里免费收看。这时候，你看得越多，享受得越多（当然那种看着让人难受、浑身起鸡皮疙瘩的节目不算数），就相当于你从电视台那边投下的金钱中获益越多、"赚得越多"。而那些晚上还要赶饭局应酬的商人，还要开会读文件、串门"密商"的官员政客，以及搞研究、写文章的知识分子们，没有时间看，不仅白花钱买了电视当摆设，而且没有从电视台所花的那些钱里获得什么利益。算下来，"闲在"相当于多"赚"了多少？

中国古代的老庄学派，崇尚"清静"、"无为"、"不争"，不是没有道理的。除了"悠闲"本身提供的满足之外，"无为"与"不争"，还可免除许多"痛苦"。商人们对破产的担心，政客对"暗算"的防范，学生考试前的煎熬，学者苦读时的孤独，一旦"不争"，便都不会在生活中发生。总之，老庄哲学中的无为与不争，在经济学中就叫做"闲暇也提供满足"。当然，一般人生活中的"闲在"，并不都等同于哲学家们所崇尚的那种进入

"超然物外"、"大智若愚"境界的"闲适"，但"闲暇"本身所能提供的满足，总是一个具有一般意义的生活要素。只计算物质产出或物质享受，不将"闲暇"考虑进来的经济学，只是一种"简陋"的经济学。

"机会成本"

从对闲暇的分析，可以引出许多有意思的结论。比如，它可以使我们保持一种无忧无虑、轻松乐天的生活态度，多看生活中积极的一面，在平凡中发现无处不在的生活乐趣。有钱可以"悠闲"，没钱照样悠闲，但它也可能产生一种"阿Q"精神，把贫穷叫"简朴"，称懒惰为"不争"，自己消极混世，还说出一套"闲适"的穷酸道理误人子弟。得意时踌躇满志，到处贴上"闲谈不得超过三分钟"的条子；失意时又要作慷慨激昂状，大骂努力进取者为"俗气"。不过我们可以先不管这些。闲暇可以提供满足的道理，在经济学的意义上可以首先把我们引到经济学的另一重要概念：机会成本。

所谓机会成本，基本的意思就是有一得，有一失，"鱼与熊掌不可兼得"。经济学的老祖宗，英国的亚当·斯密曾经说过（大意）：国王会羡慕在路边晒太阳的农夫，因为农夫有着国王永远不会有的安全感。这话中包含着许多层含义，其中一层就是说，国王的权势也是有代价的，至少是以那种"安全感"为代价——你要有权势就不能不时时防范有人在搞阴谋诡计想要暴动叛乱、篡党夺权，而你要有农夫那样的安全感就不能有国王的权势。不过经济学中机会成本概念的意思要更狭一些，它往往特指在"资源是有限的"这个前提下，将一种资源更多地用于这一目的，便不能更多地用于另一目的。经济学中最普通的一个例子就是"黄油与大炮"：一个国家总共有那么多的资本和劳动，既要生产黄油（消费品），又要生产大炮（武器），多生产了一吨黄油，就要少生产（比如说）两门大炮，这时那少生产的两门大炮，就被称为多生产一吨黄油的"机会成本"。

一个人生到世上来，至少拥有一种"天赋的"资源，那就是时间，每天 24 小时，每年 365 天，一生七八十年。人与人之间在时间资源问题上可能也是不平等的。有的人体质好些可以长寿，有的人则半路夭折；有的人反应快些，读书一目十行，外文过目成诵，于是他的时间比别人的"密度"更大，一天等于人家两三天；更有些奇才天生可以少睡觉，别人要睡 8 小时，他只需打个小盹，所以每天就比别人多赚好几个小时。但无论如何，就每一个人来说，时间资源对他总是有限的，多有多的有限，少有少的有限。因此在这有限的时间里所能干的事情就是有限的：读书了就不能看报，打牌时无法打球，今天要开会读文件，研究怎么管理国家大事，就不能去跑买卖看摊；今晚要去官场上应酬，就无法到商场上去交易（"官商一体"的情况当然要另作分析），而且，当过官可能不妨碍你去经商，但在有些社会环境下，经商者恐怕很难在官场上得到大家的认同；要想做学问，就得多花工夫多读书，你就只能有较少的时间去经商挣钱或开会升官。有的人特别"能干"，一生能成就许多事情，有时似乎是一心几用，似有分身术一般，同时干着升官、发财、做学问的事业，这除了可能是因为他天赋特高、特别能干之外，无非是由于前面所说的原因：他的时间"密度"比别人高，或者特别善于利用时间、抓紧时间，在有限的时间里同时做成好几件事。可是仔细分析起来，机会成本对这样的人也同样适用：他尽管比别人做的事多，但毕竟不能再多了。

在所有的情况下，人们要干成一些事情，至少面临着一种机会成本，那就是"闲暇"。鲁迅的一句引用率相当高的名言："所谓天才，就是把别人喝咖啡的时间用到读书上去罢了。"说的就是这个道理。抓紧时间者，把时间的"密度"提高也，就像把房间里都摆满了家具，我们就不再有空间可以行走的道理一样。功名利禄、成就事业从一定意义上讲并不难，有一正常的平均的智力水平和身体条件，都能得到，只不过要用勤奋、辛劳，也就是用那些喝咖啡的时间去交换罢了，至少，你得一边读书（或谈买卖，或开会）一边喝咖啡，而不能坐在露天咖啡座的阳伞下一喝两个小时，优哉游哉观赏路上的行人、天上的飞鸟。要挣钱就要四处跑买卖、赶饭局，看摊一看十几个小时；要升官就要多花时间搞调查、写报告、编计划，四下联络感情，八方打探消息；要做成点学问就要读万卷书，行万里路，搜集资料，完成试验，一睁眼就想到哪篇文章还没写，哪段讲义还没编，恨不得做梦也能做出个搞试验的新招。于是要么是整天在外，半夜才归，要么是挑灯夜战，不近人情，星期日不放假，节假日不休息，不陪老婆进商店，不陪孩子逛公园，女友告吹，夫妻吵架，第三者插足。就一般情况而论，上帝由于公平地分配给了每人一段有限的时间而公平地对待我们每一个人，你多得一份功名利禄，不过少得一份轻松悠闲罢了。有的人条件特别好，运气特别好，什么事都似乎信手拈来：坐在家里不动，好买卖会自动找上门来；什么政绩也没有，可阴错阳差地官运亨通；学问不大，抽了个空子，一个新点子也成名成家。这些情况当然有，但仅是例外，而且其实这样的人即使发了点财也不会成为巨富，当了大官也不会是伟人，出了名也做不出大学问。靠勤奋不一定成器，靠运气和小聪明也能成名，但对于一般情况来说，不花点时间和精力是办不成什么事的，且不说那努力过程中的种种煎熬。

第二章
幸福的评价

经济学中有这么一种"算法"：把一个人一天的可支配时间（自然时间减去比如说 8 小时的必要睡眠时间），或一生的可支配时间从自然年龄中减去不能工作的少年和老年期，算作一个总数，然后给出一天工作所能获得的收入标准，让你自己去选择究竟是多干点活，还是多享受点悠闲。这种算法明确地告诉你：你想多干成点事，就得少一点闲暇的享受。

我之所以在这里讲了许多关于闲暇的理论，并借闲暇的问题来展开谈机会成本的概念，实在是出于我自己对时间有限这一自然的、严酷的规律的深切感受。不管别人如何，我反正是个"笨鸟"，只觉得白日苦短。早上起来，书本摆上，没读几页，稿纸摊开，没写几行，转眼已是半夜十一二点，赶紧再"最后冲刺"，突击一下，已是精神恍惚；上床去睡，早上再睁眼时，总会想到这还没有做完，那已到了期限，像是一场噩梦；这也想干，那也承诺，"狗揽八泡屎"，又不愿意糊弄事，最后是焦头烂额，欠下一屁股文债。于是你便没有时间找朋友聊天聚会，没有时间打牌下棋，没有 8 小时之外，也没有了星期天。以前夫人拉我出去玩，只说乘车太挤太费时间，不愿费那个劲儿，玩一趟回来太累，信誓旦旦说如果自己有了汽车，一定多玩几次加以补偿。后来真的倾其所有，咬牙买了汽车，一年多了，真正出去玩才只有两次，不知以后是否会补上。要是不会玩，不想玩，倒也罢了，因为那种情况下"玩"这件事并不能给你提供多少"满足",也不会觉得有什么损失,但问题在于我骨子里还是贪玩的。在兵团时曾连续三天三夜玩"三打一"(扑克)赌烟卷,直到如今兵团战友们相聚还是想赌一盘(与别人玩根本交不上手);武侠小说、武打片是不看的,但警匪片却也可以算是一个嗜好,在没有什么好的艺术片的情况下,来点警匪较量的悬念,欣赏一下编剧新奇的骗观众的小把戏,也是一种享受。在大学二年级学会跳舞,哪个舞场上也还是拿得出手的,也曾是不大不小的舞迷,况且跳舞不在跳舞本身,而在于舞场的轻松热烈、舞乐的柔和欢快、舞伴的赏心悦目。还有运动,应该说我不是十分热衷,特别像跑步之类枯燥单调的项目,从来是抵触的,但像乒乓球、网球之类活动量不那么剧烈,技巧性、竞争性较强的玩法,还是喜欢玩的。球拍、球网、球衣、球鞋,也是一应俱全,只是总在那里闲置;年岁越大,越知道应该加强运动,计划订了几次,却还是每每"等这个活干完以后",至今没有一次实施。所有这些,都无时无刻不在提醒着你,你正在损失着什么,牺牲着什么,使你真正懂得"机会成本"的概念,告诉你必须学会在有些事情上适当"收缩",不要超越时间那死的、铁的、雷打不动的、残酷无情的自然界限。

做事情的机会成本是闲暇,反过来说,"闲暇"本身也有它的机会成本,比如说一个人什么事不做,或者做得很少,倒是舒服自在,但因此也就成就不了什么事业,比如说挣不到更多的钱，得不到更多的物质享受，看着别人有钱买这买那、出门旅游，而自己只能最多沏一杯茶在家里享受"清淡的闲暇"。机会成本概念的核心在于任何事情都不是只好只坏，而是有利有弊，有得有失。机会成本的概念具有普遍的意义和适用性，就在于可以说什么事情都有它的机会成本。我们上面仅仅是就"时间"本身谈问题，还没谈为做成一件事所需付出的其他代价，比如"痛苦"或"辛苦"，从这些代价当中，我们可以更了解机会成本的无所不在。为官当政，有权有势，万人之上，又有一种干国家大事的感觉，但所受的约束也大，上下左右都要小心谨慎；搞学术研究，"臭知识分子"一个，相对来说却有可以保持较大的个性的自由，自己写了东西签上自己的名，用不着看上司的脸色。自己当老板开公司，可以更大地发挥才干，赚了钱拿大头，但操心也大，每天要忙于生意，还要承担赔本的风险；做个小职员"打打工"，虽然要看老板的脸色行事，但不操那份心，这时你也就不能抱怨为什么别人比你更有钱。

"均衡"与"中庸"

既然如我们前面所说，生活中有那么多的东西都可以给我们带来幸福或满足，那么，假如（请注意这是一个特定的"假如"）一个人不特别地偏爱什么，又假如各种社会的外在条件允许他进行选择并能使他实现自己的选择，他的最合理的、最佳的生活选择，就是把自己可以支配的时间和精力适当地分配在各种活动中、各种目的上，什么都来一点，什么都不太多，适可而止，恰到好处。比如说（仅仅是比如说），一天共有 24 小时，减去 8 小时睡眠，还剩 16 小时可支配的时间，我们可以平均地分配在 4 件大事上：挣钱（养家糊口、物质享受）、当官（社会地位、社会服务）、治学（陶冶情趣、发展文化）、娱乐（休闲玩物、保养身心），每件上面 4 个小时（不妨设想 8 小时上班，一半是为了挣钱，一半是为了当官），哪一样也别太多，哪一样也别太少，哪一样也别漏掉，这种活法一定是一个在经济理论上可以被证明为对这个特殊的人（由那些"假如"来定义的人）的最好活法。

这当然是为了用简便的方式说明问题而举的一个极端的例子，其实这里一般的道理仅在于：假如（还是请注意这个"假如"）一个人没有特殊的偏好的话，假如他不是财迷或官迷或书虫或"玩闹"的话，他的最佳选择是将自己的时间精力适当分散地用于几种目的之上，不可在某一特殊目的上用得过多。之所以如此，就在于经济学里一个重要的道理：人从一件事上所能获得的满足一般是"边际递减"的，太多了就会"太腻"，不如来点别的。抽烟时第一口最香，抽到最后就无所谓了；吃

第二章
幸福的评价

饭时第一碗最好吃，一般最多两碗、三碗，吃到第四碗已觉撑得慌，已经开始难受而不是享受了；电视一台没有，十分难受，但有了一台之后若再买一台，不能说完全没用，但显然用处不大了。没钱的时候有 1 块钱能解决基本的生存问题，这是要命的事，每一分钱都要算计着花，但每月要能挣一万块，1 块钱掉到地上可能都不去拣，拿着钱可能胡乱地买些没什么用的东西。没有官位时，一顶小乌纱帽可以把你与芸芸众生区别开来，但官当得越大，责任也越大，官场上的竞争也越激烈，政敌也会越多，再爬一级也越不容易，弄得你可能不想再往上爬，因为算下来官阶的"边际好处"已越来越小。没有名气的时候，一点名气使你沾沾自喜半天，名气大了时，再多几个人知道你，再多几家报刊印上你的芳名已不会令你感动了。第一本书读着一切都新鲜，知识长了一大块，再读第二本，有些东西你已知道，味道就不会那么浓了。休息也是一样，劳累一天回到家里休息一下，或奔波几天后休一个周日，是一种难得的享受，倍加珍惜；让你整天闲着不做事，你还得找点事"打发日子"，英文里叫做"kill the time"（杀死时间），就是说那时间对你来说已经可厌了。所以，最好的办法就是"适可而止"，哪一方面花的时间精力都不要过多，匀出来用到那些还能给你带来较多满足的事上去，这样几项加到一起所能获得的"总的满足"，才会最大。在经济学中，一般的道理就是在每一件事上付出的精力，所能带给你的满足，在"边际上相等"的时候，你所获得的满足最大。而达到这样一种"最大满足"的状态，经济学里就叫做个人选择的"均衡"。所谓"边际上相等"，简单说就是你在一件事上多花点工夫，与在另一件事上多花点工夫，所获得的满足都是一样的；或者反过来说，这时你若在一件事上少花点工夫，在另一件事上多花点工夫，并不能使你获得更大的满足。我们后面还会通过对其他因素的分析，来说明要想获得最大的满足，人们实际上应该怎样分配自己的"工夫"，但以上说的这些，作为一种一般的道理，总是适用的。

　　说到这样一种生活选择的"均衡"，立刻想到了中国哲学中的"中庸"之道。其实经济学的这些道理，在实证分析的意义上（而不是价值判断或作为一种生活"主张"的意义上），与中庸之道是相通的。最近读到崇尚闲逸的大文豪林语堂先生（我们后面要说一下他本人的"说一套做一套"）关于中庸之道生活观的一些绝妙的文字，这里不妨抄录一些，读者可以从中更好地了解我们上面所说的那些道理。

　　　　半玩世者是最优越的玩世者。生活的最高类型终究是《中庸》的作者，孔子的孙儿，子思倡导的中庸生活。古今与人类生活问题有关的哲学，还不曾有一个发现比这种学说更深奥的真理，这种学说所发现的，就是一种介于两个极端之间的有条不紊的生活——中庸的学说。这种中庸的

第二章
幸福的评价

精神在动作和不动作之间找到了一种完全的均衡（他也用了"均衡"二字——引者注），其理想就是一个半有名半无名的人，在懒惰中用功，在用功中偷懒；穷不至穷到付不起屋租，而有钱也不至有钱到可以完全不工作，或可以随心所欲地帮助朋友；钢琴会弹，可是不十分高明，只可以弹给知己的朋友听听，而最大的用处却是做自己的消遣；古董倒也收藏一些，可是只够排满屋里的壁炉架；书也读读，可是不太用功；学识颇渊博，可是不成为专家；文章也写写，可是寄给《泰晤士报》的信件有一半退回，有一半发表了——总而言之，我相信这种中等阶级生活的理想，是中国人所发现的最健全的生活理想。最快乐的人终究还是那个中等阶级的人，所赚的钱足以维持经济独立的生活，曾替人群做过一点点事情，仅是一点点事情，在社会上有点名誉，可是不太著名。只有在这种环境之下，当一个人的名字半隐半显，经济在相当限度内尚称充足的时候，当生活颇为逍遥自在，可是不是完全无忧无虑的时候，人类的精神才是最快乐的，才是最成功的。[①]

总之正如我们前面所说的，所谓的理想的生活方式，就是既有钱，又有权；既有才，又有闲；占尽人间春色，又不招人

---

① 林语堂:《谁最会享受人生》，湖北人民出版社，1989年版第26~28页。

嫉妒。在这里，要达到这种"均衡"境界，就要什么都"只要一点点"、"不十分"、"有一些"、"半有名半无名"等，这些都是定义那个"均衡"的一些"数量界限"。为了说明这种"度"，林先生还引用了李密庵的《半半歌》，将问题从"量"的方面进一步明确化，也很有意思，不妨也抄录在此：

> 看破浮生过半，
>
> 半之受用无边。
>
> 半中岁月尽幽闲，
>
> 半里乾坤宽展。
>
> 半郭半乡村舍，
>
> 半山半水田园；
>
> 半耕半读半经廛，
>
> 半士半姻民眷；
>
> 半雅半粗器具，
>
> 半华半实庭轩；
>
> 衾裳半素半轻鲜，
>
> 肴馔半丰半俭；
>
> 童仆半能半拙，
>
> 妻儿半朴半贤；
>
> 心情半佛半神仙，
>
> 姓字半藏半显。

一半还之天地,

让将一半人间。

半思后代与沧田,

半想阎罗怎见。

饮酒半酣正好,

花开半时偏妍;

半帆张扇免翻颠,

马放半缰稳便。

半少却饶滋味,

半多反厌纠缠。

百年苦乐半相参,

会占便宜只半。

这歌谣也写得半雅半俗、半深半浅、半诗半歌、半工半对,上句刚觉拗口,下句又流畅起来;半是装腔作势,半是倾吐心声,看来的确颇得中庸之真谛。

我们在以后会向读者说明,林先生等所推崇的这种生活方式,从实证的意义上说,其实只是一种特殊的人,也就是一些具有特殊偏好或价值取向的人,在相当特殊的主客观条件下可供选择的一种特殊的求得生活最大满足的方法。它不适用于所有的人,甚至不适用于现代社会条件下的大多数人,我也不想向读者提出这种"生活对策"的建议。但是,从经济学实证分析的角度看，"中庸之道"、"半苦半乐"这些道理中，的确也作为一种具体情况，包含着经济学的一般道理，即兼顾诸多生活满足所达到的那种"个人选择均衡"。哲学家的"中庸之道"中所包含的一般适用的道理，其实只能在经济学中得到一个较为严格的、数量化的因而是在逻辑上较为科学的论证，那就是：根据各自的偏好在做各种事情时使所获得的各种满足在边际上达到均等。当我们像前面那样假定一个人并不特别偏爱什么的时候，同时当一个人的社会生活条件已经能使他在各种事物中进行较为自由的选择的时候，便会出现林先生所崇尚的那种特殊的中庸的生活方式。（关于偏好等，我们后面再谈。）总之，林先生推崇的那种"活法"，的确也是一种"活法"，而且是一种相当不错、常常令人憧憬的活法，虽然是不一定适合于所有人的最好的活法。

当然，必须承认，经济学的"均衡"与哲学的中庸之道，还是有区别的。但基本的区别似乎从根子上存在于哲学与经济学之间：哲学总是"形而上"的，而经济学的特点是"形而下"；哲学要把问题搞"玄"，经济学则要把问题搞"俗"；中庸之道的精义是那种玄玄乎乎、难以把握的"境界"，而经济学中"均衡"的要点却在于赤裸裸的"算计"。（林先生的文章写得很平易，没有那种"玄"的味道，但后面我们也许有机会指出，他所进入的那种"境界"，却是我们这些俗人所进不去、

"进不起"的。）哲学家玄而又玄的中庸之道，在经济学家看来
不过就是"边际均等"。像中庸之道这样一种带有很强的价值观
色彩的生活哲学，可能只适用于一批能"进入境界"的雅士，
而经济学的俗理，或许能够适用于劳苦大众。我自己也是个俗
人，想中庸也中庸不起来。在以下的文字里，或许我可以有机
会解释一下这俗气是怎么形成的，为什么会这么俗。

"偏好"的差异

　　前面关于什么都能提供满足的理论，如果不再做进一步深入的研究，除了可能导致"中庸之道"之外，还容易导致的一个结论是人人都按一个模式生活，甚至在职业选择上都是相同的，都是既干点这个、又干点那个，什么都懂一点，又都不成专家；人人都那么半睡半醒、半死不活，因为如果什么事对每个人都能提供同样程度的满足，每一种满足又都"边际递减"，那么自然大家就都要按同一方式去分配自己宝贵的时间了。如果真是这样，林语堂先生们的那套处世之道，便会少了许多快乐，因为首先，他便不再有仰卧南山，静观世人为当富翁、为做专家、为拔头筹、为执著的信仰或顽固的喜好而蚂蚁般忙忙碌碌、相互争斗那样一种景象的乐趣；其次，世人皆如此，"雅士们"便也没了字里行间流露出的那么一种比人高出一筹的优越感，和老百姓们不再有所区别，事实上是又"俗了回去"，也就不再是雅士，而变得和大家一样，都只是凡夫俗子了。

世人并不都按一种方式生活，都选择一样的职业，不是一样的忙碌或一样的悠闲，原因之一便是大家的偏好各不相同。虽然要想在生活选择中求得最大的满足，总是需要在各种选择中求得"满足的边际均等"，但由于不同东西对不同的人来说所能带来的满足程度是不同的，因此，同是"边际均等"，同是"选择均衡"，不同的人却会选择不同的职业、不同的忙碌程度、不同的生活方式。所以，我们要对不同人的不同"偏好结构"进行具体的分析。

分析与假定

从本篇起，我们要对决定人们偏好的各种因素进行逐一分析。所谓"逐一分析"，也就是经济学所惯用的"抽象分析"的方法。"抽象分析"其实也是任何一门学科的基本分析方法，因为我们总得把问题所涉及、所包含的因素一个一个地加以分析；在分析一个因素的时候，要假定另一些因素是给定的或不变的；然后再逐步把已经分析过的因素综合到一起，看看它们如何在相互联系中共同发挥作用。在对社会现象的研究中，包括我们对"人生"的研究，麻烦之处在于无法像自然科学中那样可以在试验室中进行，把有的因素人为地控制起来，孤立地观察我们所要研究的那些特定因素；而在对社会现象的研究中，只得依靠我们的"抽象思维"，把"试验室"建立在我们的脑子里，其基本方法就是"假定什么什么是给定的"、"假定某一情况是怎样怎样的"。所以，所谓"抽象思维"，就是靠假定在头脑中建立试验室的方法。有的人在理论分析中出现概念混淆，把不同的因素混了起来，原因之一就在于抽象思维方法没有掌握好。现代经济学的发展，与经济学家充分利用抽象思维方法是分不开的。经济学家最好用"假定"，一篇文章、一个理论模型，一上来几页纸可能没干别的，都在那里提出假定和解释假定，这对于使思维严谨、逻辑严密显然是有好处、有必要的，但这也造成许多人（特别是不大理解这种做法意义的人）认为经济学家们整天在那里靠"玩假定"吃饭，用假定把自己和活生生的现实分离开来——"假定我是在天堂里"，接下去就可做出一篇与尘世完全不相干的论文（当然，这可能是为了通过假定的天堂和论证天堂里怎么美好，来反证人间不是天堂以及人间的邪恶）。其实，好的经济学家所做的那些啰啰唆唆的假定，都是与现实生活密切相关的，是在借助这些假定"梳理"现实，以防止混淆不同的事物。当然，并不能否定假定也确实能把人引向"象牙塔"。经济学家们也知道他们的这种"嗜好"，有时会把自己引向极端，闹出笑话，所以经济学界也流传着一些对这种"嗜好"自嘲的笑话，比如有一则说：三个人被冲上了一个孤岛，其中一个是物理学家，一个是文学家，一个是经济学家。饥肠辘辘的三个人只剩了一个沙丁鱼罐头，但又没有开罐头刀，大眼瞪小眼地看着这一罐头：物理学家研究了一番，论证了罐头皮的质量以及用什么样的器具才能将其打开；文学家将罐头里的沙丁鱼及其色、香、味大大形容了一番；轮到经济学家发言时，他的第一句话是："假定我有一把开罐头刀……"经济学家的抽象分析，目的还是要更好地说明现实，说明历史。抽象的分析能否更有利于说明现实，取决于你的那个假定是否反映了现实中的某种情况，至少是某种可能性。抽象分析的实际价值，也就取决于进行抽象分析的人所具有的那种"实感"，那种对现实世界理解与概括的能力。只有真正从现实中"抽象"出来的东西，才能被人理解，使人接受，能更好地说明历史与现实，才能得出解决现实问题的好的政策。

　　本文的写法，也是一个因素一个因素地分别进行分析，因此要求读者注意到，有时你所想到的问题，可能不是由当时文章所议论的那个因素决定的，而是由其他某种因素决定的，而这个因素要在别的地方才作分析。现在就让我们抽象地分析在选择问题中起着重要作用的一个因素：人们在兴趣爱好方面的差别。

先天的爱好

　　所谓的"偏好"是指人们对各种事物的不同的主观评价，指各种东西能带给人们的满足程度的差异。比如在消费领域里，有的人爱穿红，有的人爱戴绿；有的人爱吃香蕉而不爱吃苹果，有的人则爱吃苹果不爱吃香蕉；有的人什么水果都爱吃但不爱吃蔬菜，有的人则爱吃蔬菜不爱吃水果。有的人好吃，有的人好穿；有的人不好吃不好穿就好喝两口、抽两口，有的人吃穿不好，烟酒不沾，就好玩电器；有的人家徒四壁，吃馒头就咸菜，钱都花在了高级音响和上千张激光唱片上……这都只能用兴趣、爱好来加以解释。正是因为人们有不同的偏好，也才产生了对同一物品的不同评价。比如说烟酒，对有的人是好东西，贵点也得抽、也得喝，可是对另一些人来说，倒找钱也不要（自己不要，若拿去倒卖则是另一回事）。

在生活方式或生活道路的选择问题上，偏好所指的就是兴趣、爱好之类的主观因素。这也是人与人之间差异的一个重要方面。严格地说，兴趣、爱好的问题本身属于心理学研究的领域，但由于它们是决定人们如何进行选择的一个重要原因，所以经济学也得有所涉及。经济学不是心理学，但在经济学理论分析中，特别是在个人行为理论中，第一大要素就是人的"偏好"，也就是人的口味、兴趣、爱好，所以还非得借助于心理学的一些分析成果。所不同的在于，"弗洛伊德们"更关心的是个人兴趣、爱好以及性格等形成的原因，而经济学家们则着眼于这些东西形成之后如何决定着人们的选择。应该说爱好或兴趣能说明许多个人选择的问题，或者说在相当大的程度上对人们自觉不自觉地走到某一方向，而不走到另一些方向上去作出解释。比如，你的特定"偏好"，会使你把做某些事当成一种乐趣，至少是能够从中获得某种乐趣，不必有什么生活的压力或外在的压迫便能自觉地去做，心甘情愿地去做，而不是当成苦差事，仅仅视为谋生的手段；它会使你对某种工作、某种事业有一种认同感，当成你自己的事业，而不觉得是在为别人打工。一个人如果能以自己的兴趣为职业，或者更现实地说，恰恰从事了那么一种与自己的兴趣完全相符的职业，那是人生的最大幸福，因为在别人看来是谋生手段、是以自己付出劳作的辛苦与金钱相交换的那一回事，在你看来全部是收益而没有支出，因为别人付钱给你让你做这件事，其实不付你钱你也会做，相当于你白赚了一份工资。在现实中这不是完全不可能的事。据说有的歌星就不无得意地说，不付我钱我在家自己也要唱，到酒吧去唱，又有掌声又有薪水，实在太美了。不过，做到这一点并不容易。从逻辑上说，这当中有一个重要的中间环节我们还没分析，那就是人的"能力"。爱唱歌不见得就能唱好歌，想当政治家不一定就有人选你，想搞文学写出来的东西不一定有人要看；而有能力唱好歌的人不一定对唱歌热爱到每天都要去唱的程度，身居高位的政治家可能对复杂的政治斗争并不很感兴趣，而写小说的人往往是玩玩可以，卖文为生就成了痛苦。

从现实中看，不仅我们社会中目前的绝大多数工作岗位，特别是那些体力劳动岗位，仍然无兴趣爱好可言，即便是一些从事创造性活动的职业，在那上面工作的人，很大程度上也会感到一种生活的压力，而不仅仅在凭爱好。业余爱好者、"票友"显得最为"发烧"，那是因为他们没有把这一行当饭吃；把什么一当成职业来干，费的劲就要大，吃的苦就要多，保住一个饭碗有时都会成问题，出类拔萃、大红大紫就更难，那味道就会有所变化。从这个观点看，前面林语堂先生所鼓吹的中庸之道的生活方式，无非就是"事事当票友"那么一回事。但不知他老先生想到没有，当票友的乐趣，是以下述两点为前提的：第一，自己的职业不合自己的兴趣，这山望着那山高，总觉得干另一行来劲，才会特别的"发烧"，这里职业的分开，已经是一个前提，而自己至少在自己的职业上已不会再成为票友（从而就不能事事当票）；其二，票友的乐趣，很大程度上存在于似懂非懂、似会非会之间，存在于那种总觉着专业人士玩得好自己也能玩，但总是差那么一点不够"专业"的可望而不可即的状态之中，或者是存在于"看你疲于奔命，我只玩玩而已"的潇洒之中，其前提是已经有人在那里把一件事情当成专业来做了。所以说，票友的乐趣，很大程度上是建立在专业人员的"牺牲"基础上的；你要当票友，别人就得玩专业。所以天下总是只能一部分人当票友，很少一部分人能像林先生所向往的那样事事当票友。总之，就个人来说不能事事都当票友，就社会来讲不能人人只当票友。其实林先生自己在现实生活中也未能按他所设计的理想方式生活。看了他论人生的著作，又看到他一生写了那么多的书，一点不像是那种"文章也写一点但不多"的"票友"的所作所为，颇觉得有些矛盾、不解。后来仔细读读传记，才知林先生原来几十年在国外独立写作，以卖文为生，至少在写作这一点上非常专业，事实上也非常职业，才有所释然。不过我想林先生的实际选择（而不是他所向往的那种选择），是可以用"兴趣与职业完全相符"来加以解释的，不然那文章不会写得如此潇洒、流畅、超逸、乐观，一点不见生活所迫或急功近利的痕迹。就个人来说，选择与自己兴趣相近的事，作为职业，无论如何总是最佳的选择，是我们每个人都力求实现的一大目标。从整个社会来说，马克思们设想的共产主义的理想社会，重要的一点就是劳动不再是谋生的手段，而成为兴之所至的一件乐事；"各尽所能"一词里其实还包含着"各尽其兴"的意思。按每个人的不同兴趣"配置"一份工作，也是我们人类社会的一大共同理想。

人的兴趣爱好的形成，其原因是很复杂的，其中我想总有些先天的因素，有些恐怕还是我们这些搞社会科学的人说不清楚的生物化学方面的因素。据一种极端的理论说，不仅一个人的体格、肤色、身高、体重、得什么病、长什么瘤早已由基因的排列决定了，而且兴趣、爱好、特长、能力、选什么工作、找什么对象、交什么朋友等，也都是先天安排好的。我是绝对不信这套"庸俗唯物主义"（"唯生物主义"？）的，但我想作为一个生物体，生物构造本身总得起点什么作用吧。人的先天性差异，可以体现在性格与能力两个方面。性格表现为兴趣、爱好，能力则体现为特长、天赋。这两方面的因素经常混合在一起，一起发挥作用，难以区分。比如说有的人特别擅长（能力）唱歌，才特别爱好唱歌，因为这时唱歌能使他除了得到一展歌喉的满足外，还能因出人头地、比别人唱得好而获得一份"额外"的满足。而有的人，本来唱歌的先天条件并不太好，但只因喜欢，也能唱好，并经过后天训练使歌唱才能大大提高。相反的情况则是有的人可能因对唱歌不感兴趣而没有发扬和发展自己的歌唱才能，其实他的先天条件可能很好。但我想这两方面的因素总还是可以分开加以分析的。比如有的人天生好动，但并不一定就很有动的能力，胡打胡闹有他，体育课成绩却从来不好；而体育明星里天生性格文静、从小并不爱好体育，只是被老师、教练偶然发现其才能，一发而不可收的也大有人在。在过去什么都由"组织分配"、"组织决定"的情况下，个人兴趣在选择工作中的作用有时不明显。现在，个人自由多了，选择余地大了，这个因素的作用也就越来越明显了。我认识一个朋友，从小被选送到德国学德语，以后研究生毕业，又被一个外企选中去国外学习管理。像他这样的人才到处都抢着要，回国后本可在外企找个经理一级的工作，挣一份令千百人羡慕的薪水，但他却就是对此不感兴趣，就是想搞点研究、写作什么的，结果在大家都"下海"的高潮中，他偏偏"出海"，选了一个报社的研究室去工作，属于最清的清水衙门一类。我想这就只能由个人的兴趣、性格等来解释了。

先天就有的兴趣、爱好，我想最能体现在小时候爱做什么、不爱做什么，情愿做什么、不情愿做什么，主动做什么、不主动做什么，一般做的是什么、特别经心的事是什么。我祖父一家，多少可算是书香门第。祖父是位国画家，擅长山水人物，人大会堂还有他的藏画，前两年印了一本"人民大会堂藏画"的挂历，还选有他的一幅山水画，最近的一次中国艺术品拍卖，还有他的两幅扇。大伯父和两位姑母也都能以画为生，父亲是建筑师，也是能画的。同时，像许多类似的中国古典文化大家一样，诗书琴画是不可偏废的，祖父就弹得一手好琵琶，大伯父擅长古琴、琵琶、曲笛等，新中国成立后在上海戏曲学院专教这类古典乐器；我父亲也会弹琵琶、吹曲笛，家里这些乐器都有，而且他像我祖父、伯父、姑母等一样，是位昆曲迷，至今仍是业余曲社的积极分子。出身于这么一个家庭，我想无论从基因学上说，还是从后天的家庭环境上说，这些方面的细胞或能力总该是有点的，但我从小耳濡目染，竟然从未对其中一样东西发生过自己要去学、去做的兴趣。记得自己五六岁的时候住在上海，祖父给了我一本16开本的漫画人物大画册和一些透明的画图纸，让我在上面临摹。那画册上的许多画面和人物我至今还记得，因为我喜欢看，翻着画册看故事、看人物，但就是不喜欢自己动手画，只是每次当着祖父的面才描几笔，或是他问起时才画画。后来长大了上学，图画课成绩总还是不错的，父亲也好几次督着我学画，但却一直提不起精神。对此道的爱好，大概集中传给了我弟弟，他后来也学了建筑，能画一手很不错的水墨画，我家的这点遗传的功底才总算没有完全丢掉。吹拉弹唱的事也是如此。我不能说没有能力，音调是准的，乐感也有，但小时父亲有几次要教我笛子和胡琴，我却从来没有真正感过兴趣，学学放放，没有大的进展，除了口琴因太容易学了所以还能吹得像个样外，哪一门乐器也没真正上手。"文革"下乡后都说有个乐器方面的一技之长可以考文工团返城，我也没有鼓起兴趣去学。这种不成兴趣的兴趣，不成偏好的偏好，我想只能算是天生不成器吧。这应该说是我生活中的一大遗憾，也觉得有点愧对祖先，愧对"书香门第"这样一个挺不错的称谓。当然家庭的遗传不能说完全不在，因为它毕竟至少给了我一个欣赏的兴趣，也就是作为一个欣赏者对绘画艺术和音乐的爱好，唯一连欣赏的爱好都没有继承下来的，只是戏曲，无论是昆曲还是京剧。

还有一件事是从小没有喜欢上的，就是动手做东西。小学五六年级时，已有不少同学开始学着做矿石收音机和航空模型，但我从来没有耐心去学过，也没有参加过这类课外活动小组，后来到了兵团开过两年拖拉机，按说是个学点机械原理和维修技术的好机会，但从来只能学到工作需要为止，既没好奇心，也没认真劲。当然，这里有当时特定环境下的心理因素在起作用——对于兵团的任何一种工作本身都有一种内心的抵触情绪。其实我后来发现自己在这方面并不很笨，摆弄汽车、家里的电器，敢拆敢卸，经常能无师自通地对付一气，虽然还是没有兴趣去认真研究一番。

小时候能够主动去做、愿意去做、不用大人督着去做的事，除了像其他孩子们一样拍三角、打扑克、打乒乓球之外，想来只有一样，就是看书了。先是小人书，缠着大人去买、去借，一分钱一本的到书摊上去看，记得自己拥有的成套小人书有《水浒传》、《铁道游击队》，梦寐以求有一套 60 本的《三国演义》，却一直没有实现。然后是看小说，记得最早的一本真正大厚本的小说，是三年级暑假时读的《敌后武工队》。我现在还记得当我用一个星期的时间把它读完时的喜悦，好像已成了大人。再以后就是各种杂书都读了，并且喜欢躺在床上读。"文化大革命"后不上学了，躺在床上看书的时间就更多。由此而论，这辈子总要和文字书本打交道，不能不说是有点命中注定的。

"养成的"兴趣

人的兴趣、爱好，当然有许多还是后天培养成的，或者是刻意培养，或者是形成于潜移默化之间，取决于你所处的环境、条件，你所接触的人物、事件，家人的言传身教，朋友的所作所为，所听到的故事、所看到的书，近朱者赤、近墨者黑，社会上的时髦，学校里的风气。

知识分子家庭出身的人，升学率较高，以做学问为职业的人相对多些，我想并不是因为遗传因子比别人更聪明，也不一定就是因为父母可以做家庭教师给他们吃了更多的偏饭，而主要的一个原因是在这样的家庭中，较容易形成人们对知识的兴趣以及"唯有读书高"的价值取向，形成"靠学问吃饭"的顽固信念，从而促使人们往那条道上走，以至于一条道走到黑。在我过去的朋友、同学当中，来自非知识分子家庭的人，无论是工人子弟还是高干子弟，聪明绝顶的大有人在，玩什么像什么，功课也都不错，整天疯跑，临考试翻翻书，照样八九十分，但他们后来升学深造、以做学问为生者比率却不高（但由于这部分人在总人口中比例大，因此大学里、知识界中这种出身的人仍会很多），许多人都在实业界、政界高就去了，完全不是因为其不能，而是因为他们并不觉得去做个知识分子有什么好。而一些来自知识分子家庭的孩子，呆头呆脑、动作迟缓、胆小怕事者相当不少，但就是由于在学习上有那么点执著劲，好抱本书在那里啃来啃去，早早成了近视眼，整天想些不着边际、没有实用价值的书本上的问题，结果到头来大多都能金榜题名，在知识界再谋一位置。80年代初，还是在大学生、研究生最吃香、身价最高的年代，有一次我在公共汽车上偶然听到两位北京小姑娘的谈话，其中一位说她亲戚要给她介绍一位研究生当对象，她好大不屑地说：大学生就已经够酸，够没劲的了，还研究生！整天蹲在家里看书写字儿，我哪受得了那个！我猜想她一定不是生在知识分子家庭，甚至邻居们也都不是知识分子，不然不会有这么一种"偏好"。那年头不像现在，知识分子家的女孩子，据我所知，谁不会以找个研究生当男朋友为荣？谁不生怕自己显得没知识、没文化？不过，虽然那时我也是个研究生，坐在那里听两位小姑娘如此数落，不但没有感到浑身不自在，却相当佩服那小姑娘"反潮流"的劲头，敢于道出自己的一套"偏好"，坚持自己一套独特的活法。这也是我现在仍能记得那次无意中听到的谈话的原因。我想她将来的婚姻生活多半美满。结婚这种事，属相、星座相配之类的理论纯属胡说八道，"偏好"相近才是要紧的。两个人你读书她觉得没用，她想去跳舞你觉得是瞎折腾，耽误工夫，一定凑合不了几年。这并不是说要两个人都去做学问，或都去整天跳舞，或者相反，都不去做学问或都不去跳舞，而是说对各种事情至少要有相同或相近的"评价"：你读书我能理解读书的意义，你想跳舞我也知道跳舞的乐趣，这样才能一个不说另一个"酸"、"没劲"，另一个不说这个"没知识"、"俗气"，才能和睦相处下去。

　　我想我的当知识分子的父母，以及我那些也当知识分子的七大姑八大姨们，从小给我灌输的就是那么一套"唯有读书高"的价值观念和读书写字的兴趣爱好。记得小时候去上海，我发现一位表姐整天在家，就问她为什么不去上学。她对此拒而不答，脸上阴沉沉的。后来姑母（表姐的母亲）告诉我，表姐没有考上大学，不是说没有考上一般的大学，而是没有考上最好的大学，所以在家再学习一年，明年再考。我问不上大学不是可以去工作么？姑母回答说："不上大学怎么行呢？"你看，道理就是这么简单，这么不言自明，这么不容你再问：不上大学是不行的，如此而已。后来第二年，那位表姐真的就是考上了那个最好的大学，于是全家皆大欢喜，不再有阴沉沉的脸给我看，而我自然也就记住了"不上大学是不行的"这一"简单道理"。

　　至于在读书的各种行当中具体偏好哪一门类，可能是因为离家太早，很难说我受了家里的多大影响。我不知道假如我上了中学，学了数理化，后来会是什么样的情景。小时候我曾读过一本名为《元素的故事》的科普读物，把历史上所有大化学家发现元素的故事一一讲来，生动形象，引人入胜，使我对化学产生了浓厚的兴趣，好长一段时间里幻想着也去做一名化学家。仔细想想，除了小孩子通常会做的各种各样没有什么实际原因也没有什么具体概念的梦以外，这似乎是我小时候唯一的一次，真正在设想长大要去做什么。但我没有上中学，没学数理化，这种兴趣自然没有发展起来，如果上了中学，事情也就说不定了，这就是社会环境对人的兴趣爱好的"后天的"制约。

我们这一代上山下乡的知识青年，说得绝对一点，唯一能从"后天"培养起来的兴趣，只能是在文学或社会科学的领域。一个小学毕业生，人到了农村，如果还保持着读书的爱好的话，你只能读人文科学类的书，相对来说容易一点、容易读进去，不像学数学那么抽象，物理、化学不做试验学不懂。总之，在读杂书、杂读书当中培养起来的兴趣，只能是与生活更近一点的人文学科。我在乡下七八年，读的书大致有三类，一是文学，包括评论、文学史之类，这还是占了大头，二是历史书，正史加野史。当时连队里还有个北京同学，也好读书，我们经常在一起谈古论今，使读到的东西得以巩固，我今天的历史知识的底子，基本上还是那个时候打下的。三就是以马列著作的内容为主体的哲学、政治经济学。

对文学的兴趣恐怕是每个青年人都会有的，而在当时我们的那种情况下，文学可以说还是从长远看改变生路的一种希望，因此所谓"兴趣"很早就有了点功利的味道。已记不得具体是哪一年了，我的一首8行的毫无诗意的小诗登在了《兵团战士报》上，那是我的名字第一次印成铅字，从此这更激发了我对文学的爱好，一度很想往文学的小路上去挤，直到后来成为县文化馆的创作人员，又直到后来认清了自己还是去搞经济理论研究更为有利才作罢。

除了文学之外，其他的兴趣后来逐渐集中到了经济学上。1978年第一次从头到尾读了一遍1952年由斯大林审定的那本著名的苏联《政治经济学教科书》，接下去又读到了内部传抄的毛泽东关于这本书的读书笔记（读书会记录）。读一本教科书，你可以了解一套概念、术语，使你对这门学问的内容有所了解，但还不一定对研究这门学问产生浓厚的兴趣。而一篇评论、批评或论战式的文章或著作，却很可能引发这种兴趣，因为你会发现原来那些煞有介事、貌似威严、铿锵有力、不容置疑的概念、定理、规律等，不是不可挑战、不可怀疑、不可动摇的。毛泽东是一位大批评家，具有丰富的想象力。他可能不容别人怀疑他，但他自己却毫无顾忌地怀疑许多事物，因而也启发了他人的想象力。现在翻翻他的书，那些"骂人"的文字，无论是骂谁，都是最有读头的。特别是在当时，在迷信毛泽东的年代，毛主席说了可批判、可怀疑，是一句顶一万句的，这就等于告诉你，别的你如果不好轻易地去批判、去怀疑，可以到"经济学"这儿来，这儿还有许多问题有待研究，因此而大大提高你去琢磨它的兴趣。后来他老人家关于"资产阶级法权"的批判，也同样产生了这样的效果。

当然这只是令人产生兴趣的因素之一。我对经济学产生兴趣，主要还在于当时感觉到（现在仍然这样认为），在人文社会

第三章
"偏好"的差异

科学诸学科中（当时主要与哲学和文学相比），经济学是更有实用价值的知识。当时学的马克思主义理论，特别强调生产力发展水平和经济关系是整个社会的基础；哲学里面的历史唯物主义其实讲的主要就是经济的重要地位；学了历史唯物主义再加上经济学，你无论如何能多懂得一些社会发展的基本过程以及现实中的各种社会现象。光知道哲学唯物辩证法，知道人从猴子变来、万物对立统一，并不能解决人类社会的最基本问题，也不能对历史和社会现象有系统的理解。学黑格尔出身的马克思后来花了 40 年的时间研究经济学，写作《资本论》，就是因为认识到不把经济的问题搞清楚，什么样的社会改革方案都会流于空想。从这个意义上说，当时对经济学产生兴趣，根本还是产生于想要了解社会现象的兴趣。当时的那个社会既简单又复杂，简单是因为什么都等待党中央、毛主席的一声令下，报纸上在一个时期就总是那么几句话，一共只有 8 出戏、一部交响乐；说复杂怎么总是斗来斗去，谁都有犯错误挨批判的可能，你也搞不清谁对谁错，而且都似乎有一套理论上的理由。越是这样，你也就越想把问题搞搞清楚。

后来的一件事，使我对经济学的兴趣更进了一步。当时兵团的经济状况日益恶化。就一个连队来说，在知青没来之前，本来二十几个人，开着同样数目的机器，种着同样大小的土地，后来一下子来了百十号知青，还是那些机械那些地，产量反倒连年下降，亏损当然是越来越严重，劳动生产率越来越低。于是，在 1975 年前后，兵团准备在一些地方试行农村人民公社的收入分配办法，把固定工资制改为工分制，其目的无非是增加一些物质刺激，使收入与劳动表现挂钩（好像当时有周总理批示）。我们连是试点之一。连队指导员觉得此事不好办，就找我们商量。我当时已经似懂非懂地学了点政治经济学，乐于表现，就想对此事作一番"理论分析"。现在已记不得当时的论据是什么了，只记得是在一些具体做法上对兵团总部的试点方案有不同看法，认为应该怎样怎样才更符合国营农场的所有制性质和分配方式的性质。指导员听了很欣赏，就让我写成了书面材料，以连队的名义寄到了兵团总部。没过多久，兵团正好要召开一个工分制试点的工作会议，就特地请我们连队派人去参加，于是我就和指导员一起"光荣地"去了趟佳木斯兵团总部。会上根本没有讨论我们提出的意见，只是传达了上面的文件和具体工作安排，对一些问题进行说明。只有一位干事在会间找到我们略作了一些解释，说一切都定了，就这么做吧。但无论如何，这是我第一次有一点效果的"理论研究"，从此对各类有关的经济问题自然也就更加关心、更加注意了。

转插到河北农村之后，当时全国正在批判"资产阶级法权"，论证社会主义经济的性质。我感觉到许多问题提得有点不伦不类，总觉得自己的观点更清楚，于是也兴致勃勃地把自己的"研究心得"洋洋洒洒写成过三四万字的文章，还曾向报刊投寄过几次，包括投到我现在任编辑部主任的《经济研究》杂志。稿件当然是没有人用的（现在我要接到那种稿件，也是不会用的）。但无论如何，知识有时就是在你有兴趣研究问题的过程中一点一点积累起来的，而兴趣也在知识的增长中进一步得到加强。我至今也不认为当时白费了什么力气。现在每当我接到一些年轻的业余经济学研究者寄来的类似稿件，总会想到当初的自己。但我却不敢对这些作者随便地进行"热情的鼓励"，原因自己也说不大清，或许是因为想到自己最初凭着一股兴趣，独自摸索，走了不少弯路，后来有幸上了大学、研究生院、出国进修，十几年的努力才不过如此，个中辛苦心里清楚，怎么能随便鼓励别人也像自己那样业余地去干呢？天下当然没有不能无师自通的学问，天才随时可能出现，但经济学发展到今天，没有些专业训练，是很难走到前沿的。我的一番鼓励会不会把人引入歧途，浪费了他们的宝贵青春呢？今天的教育体系已经相当完善了，还可以出国深造，不随便作什么鼓励，相信真有兴趣、有能力的人也会找到适合自己学习和研究的道路，还是让他们自己去作选择吧！

在分析"兴趣"的时候，提及自己的这一段经历，是由于回想起那时学经济学，的确没有什么功利考虑，还不知道经济学可以当个饭碗。那时学文学创作，是多少有点功利心的，希望有朝一日能换一换工作，谋一个出路，因为听到过一些先例，比如说发表几篇作品后被调到团部"报道组"之类，却未曾想过把经济理论研究作为一种职业来追求，所以可以说是真正的"票友"，全凭兴趣使然，只想利用宝贵时光学点知识。（当然，把时间利用起来学点知识，从长远看是不是也很"功利"，是为了有利于将来做点事情，则要另外加以分析。）只是凭着这么点兴趣，当时就已经使我这个"票友"把很大一部分时间"配置"到了读书写字上，只差自己出钱请名角同台唱戏，或像在国外常有的那样，自己出钱印一本书了。由此可见"兴趣"的重要。但这样一种无功利考虑、又不那么常见的兴趣，往往是最难被人理解、最被人瞧不上眼、最让人觉得你是在异想天开的。记得一次回家探亲，也想抓紧时间多看点书，写点东西，而在北京的女朋友想出去玩，我拒绝了。她气得不无挖苦地说：什么了不起的"事业"，弄得我恼羞成怒（特别是"羞"），和她大吵一场。京戏票友好当，因为那是"玩"，是"雅兴"，是"潇洒"；"理论票友"不好当，因为这是"怪癖"，是不近人情、异想天开、好高骛远、癞蛤蟆想吃天鹅肉。京戏票友玩的时候可以大张旗鼓、兴师动众，生怕别人不知道，当"理论票友"你得掖着藏着，关起门来悄悄地干。这可以说是"理论票友"所面临的特殊问题，真希望人们都能给理论票友们一份理解和尊重。

第四章

"无为"与"野心"

　　前面在分析"幸福多样性"的时候，我们曾花了不少篇幅谈论"闲暇"本身也是件好事，可以给我们带来轻松自在的满足。在诸多可以给我们带来满足的因素中，我们其实可以用一种简化的办法把它们分为两大类：一类是"工作"，或更好听一点"事业"，无论你是种地还是做工，是经商还是做官，是搞科研还是拍电影，总之是要付出时间、精力和辛苦来干事情，不论干的是什么事；另一类就是"闲暇"，是不做事，不干活，不费劲，优哉游哉。我们一般人不可能做到什么事不干、不挣钱也能整天优哉游哉（去当流浪汉每天也至少得用一点时间，去要点饭吃或拣点什么东西），有条件什么事不做也能生活的人通常也想做成点事情。因此，我们每个人所面临的一个基本的选择问题，就是如何利用我们有限的时间和精力，在"工作"

与"闲暇"之间的比例问题上作出选择。

给定一个人的能力和外在条件，一般说来总是付出的时间、精力越多，工作、事业上的成就越大（这个"越大"究竟有多大，则另当别论，但总是多少会大一点）。比如，多加点班，就能多挣点奖金、加班费；商店多开几小时，总能多点收入；多花点工夫把报告写得好一点、论证全面点，就越能得到领导的赏识，等等。而这就是说，你想在生活中轻松自在、不费力气到什么程度，就取决于你想在工作中、在事业上取得多大的成就；你的志向越高、雄心越大，越想挣大钱、当大官、做成大学问，你就得多费点力气，就不能活得那么轻松自在。因此，我们对于"工作"与"闲暇"之间的"偏好"问题，说白了就是有多高的志向、多大的雄心的问题，是要不要有点雄心和志向的问题，要不要树立一个"较高的生活目标"的问题。

人们通常感觉自己面临的只是应该选择这个职业还是那个职业、树立这种目标还是那种目标的问题。其实在解决这个问题之前，你先得问问自己，你终究想不想成就一点大的目标，是否想干点"大事"。一个"雄心勃勃"的人，或用贬义词来形容是"野心勃勃"的人，与一个对忙忙碌碌过生活看不上眼，认为什么事都不能太费力，只有轻松自在、从从容容地活着才是幸福的人，选择的职业也会是不同的。

不同的"活法"

现代经济学整个理论体系的大厦，有一个重要的基石，即作为它逻辑推理基础的一个"公理性假设"：人都是"有理性的"，都会在给定的特殊条件下作出一种对他最为有利的选择。这一假设往往会引起一些争议，其实主要是因为它常常引起人们的误解。其中一个容易引起误解的现象就是：既然人人都追求幸福的"最大化"，都谋求一种"最优选择"，那么人与人之间最终作出的选择为什么不一样，为什么有的人选择了很好的工作，一切看上去都令人羡慕，而另一些人却选择了不那么好的工作。在这种情况下，怎么能说人人都做了"最佳选择"呢？

其实，这种现象正说明"选择"问题的复杂性。一个人的任何一项选择，都是由众多因素决定的。首先就是我们前面已经分析过的社会环境的制约，并不是每个人在任何时候、任何条件下都能选择自己最想干的事，而只能在社会限定的或者说"被别人限定"的范围内作出最佳选择。同时，他还受着我们尚未分析的种种因素的制约，比如说"信息"，一个人若不知道天下存在着某一种工作，他就不可能选择这一工作。又比如说

"能力"，你看着一样工作很好、很理想，但自己能力有限，条件不好，可能就干不成，在与别人的竞争中肯定失败，所以最好还是不去"选择"。再如"运气"或"机遇"，你可能很胜任某一工作，但在你选择生活道路时，恰恰不存在那么一种机会，等机会出现时，你可能又已被历史限制无法重新做一次选择了，等等，我们在后面还要分别进行说明。现在要分析的是：一个人对生活意义本身的理解，对什么是幸福的评价，也是决定人们选择的重要因素。不同的人，同样是力求使自己的幸福最大化，选择结果却可能大不一样，因为对"什么是幸福"这个问题本身，各人有各人不同的理解，不同的评价。在这种情况下你甚至无法说哪种生活更好、更有意义、更加幸福，因为当你作出这样的判断的时候，所使用的衡量标准，是你自己的幸福观、价值观（或你自觉不自觉地接受的社会上流行的或在一部分人当中流行的幸福观），而别人与你的幸福观本身是不同的，用的是不同的尺度在衡量。我们之所以要仔细研究各个方面的"偏好"问题，意义正在于此。

我们不妨再就有关"成功"和"悠闲"的偏好在选择中所起的作用为例子，做一些说明。为了使问题简单化而便于分析，我们不妨把生活分为两大种："较累的活法"和"较轻松的活法"，让人们去选择。"累"，无非就是忙忙碌碌，力求做成点什么事情，得点功名利禄；"轻松"，可以指随遇而安、少费心思、少费力气。显然，两种活法不同，但你不能不说都是一种有道理的活法。而且，最重要的是，不同的人可能对哪种活法更好，有截然不同的看法。有的认为人生在世，就得成就一番事业，或大富大贵，或青史留名；有的人则认为人生不过是过眼烟云，"瞎扑腾"没有什么意思，轻松自然，才为"聪明的活法"，如林语堂先生所提倡的"中庸之道"，里面也透着这么一股精神。不同的看法，导致不同的选择，有人就是要忙忙碌碌，有人就是要随遇而安，你不能随意评说哪种选择更好、更坏，哪种选择就不是最佳选择。事实上，两种人这时都做出了他们自己的最佳选择，只不过选择标准不同罢了。

仔细想想，在人生观的问题上，其实历来是有各种看法、说法和理论的。它们反映着人们偏好或价值取向的差异。同是"人生如梦，转眼百年"这一句话，后面就可以引出完全不同的结论和选择。在有的人看来，一个人来到这个世界上，不过是地球上的一个匆匆过客，"庸庸碌碌"也是一辈子，轰轰烈烈也是一辈子，与其不明不白地生来、不明不白地死去，不如趁着还在这世上的时候努力干成点事情，至少享受到做成一些事情的那种乐趣，也不枉活一世。可在另一些人看来，既然我们都不过是这地球上的匆匆过客，而地球本身也不过还有 500 亿年的寿命（据最新的"宇宙大爆炸"学说推算），早晚也是地地道道的"过眼烟云"（那时连"眼"都没得过），我们辛辛苦苦、忙忙碌碌地又有什么意思呢？万物的真谛不在于生，而在于死；不在于有，而在于无；什么心有大志，什么事业有成，最终都是空话；什么事不做，你的整个生命也就是那几十年的时间，若能成为全部归你自己占有的"闲暇"，你才获得了一个完整的生命。

我不知道有谁能给出一个绝对的客观的理由，在上述两种截然相反（极端）的观点中说出一个谁对谁错。其实，一涉及"人生观"、"价值观"这样的问题，由于它们本身是一些主观的判断，我们就无法用什么客观标准加以评判了；问题本身就变成了一个"信仰"问题，变成一个你接受哪种标准、站在"哪一头"的问题，而不再是用一个外在的、客观的标准来说出哪个更好、哪个更坏的问题。经济学分析以及其他一切实证科学，也就遇到了自己的极限，因为这时一切逻辑推理已不再适用，而只取决于人们的主观判断；也正因如此，经济学当中有一条重要的原理，叫做个人之间的"满足"或"幸福"，是不可"横向比较"的——同一个东西，你觉得很好，我却觉得不好，所以你所谓的幸福与我所理解的幸福就不可同日而语；一个东西由你享用与由我享用，可能都能增加一点满足，但增加多少在你我之间是不同的，其原因就在于所谓"幸福"、"满足"之类的东西，都只是我们的一种主观"偏好"、主观判断，无法用一个外在的、客观的尺度来统一衡量。我们平常也会有这样的感觉，在读到不同"人生观"、"价值观"的论述时，你会发觉很难从逻辑上、推理上看出哪一个更对，哪一个更错，只不过你自己更"觉得"、更"认为"哪个对、哪个错，更"倾向于"接受哪一种、拒绝哪一种罢了。这是因为我们所面对的就是一个公说公有理、婆说婆有理的问题，人人都可有自己的一番道理、一种观点。经济学家作为个人的时候，可以提出自己的看法、观点、价值标准，而一旦作为经济学家讲话，他原则上是不能在这样一个价值观问题上评判谁对谁错的。

观点各异，导致选择各异，因此你也不好轻易就说人家的选择是错误的。在美国的时候，我有好几次试图与街上的流浪汉们交谈，因为觉得那的确是个有趣的现象。我相信多数的流浪汉都是出于无奈、别无选择才走上街头，但我也确实看到有时问题不能简单地、绝对地都用"无奈"来加以解释。1986年在美国时，那里的经济状况还算不错，特别是我居住的波士顿地区以至于整个马萨诸塞州，由于电脑、生物工程等高科技的发展，就业率连年居各州前列，当时那里的州长杜卡基斯正因此而显得政绩不凡，呼声甚高，后来成了民主党的总统候选人。走在街上，到处可以看到商店、餐馆以至于工厂的招工广告，小时工资也大大高于法定的最低水平。一个本地美国人，若去应聘当临时工，一个月至少也可以有1000美元的收入，完全可以租间房子、买个电视、买辆旧汽车，过个说得过去的生活。

（我们有的中国访问学者，拿着教委发的每月不到 400 美元的津贴，还得攒钱回国买几大件，也一样有房子住、有车开、有鸡腿吃——当然鸡腿在美国是最便宜的肉类食物。）为什么这些美国人非要推个超级市场的小车到街上去流浪？多数流浪汉拒绝与我攀谈。我从有的人的眼光中看出了一些怪异（可能是精神有毛病），从有的人的表情上看出了苦闷，原因不得而知。只有一次，在纽约时代广场附近的街心花园里，有一个四五十岁知识分子模样的流浪汉，大大方方地与我谈了起来。寒暄几句天气很好之类的话后，我问他这么过是不是很难。"难？这是最容易的。"接着他就讲了一通这样四处转悠，不用为生计和养家糊口忙活、看老板的脸色、付那些可恶的账单等的好处，还讲了一通这世道人们太物质，以至于整天为了一些没用的物质垃圾而奔忙的大道理。我问他是否去做工，他说有时也去打零工，打到够吃饭、够买一张去别的城市的车票为止。我问他将来是否想找个地方安顿下来，他说："也许吧，谁知道，谁管他……"直到这时，他的神色里才显露出一些迷惘。我现在还保存着一张从远处偷拍的他穿一身牛仔装、坐在长椅上、身边一个小推车的照片。我不知他可不可以算是真正的"都市中的现代隐士"（林语堂语），但无论如何，似乎很难说他的这种生活方式，不是他自己的选择。我自己并不羡慕他的活法，但你得承认，这不能不说也是一种活法；如果他所说的的确是他的心里话，那么既然他讨厌其他的活法，你也不能说这种活法就不是他这个人的最佳选择。

　　流浪汉毕竟是一个最极端的例子，生活中自愿选择去做流浪汉的人毕竟不多，也太不"正常"（所以人们就把那些自愿选择这样做的人也一并归入精神病人的范畴）。一般人再偏好闲适，也不会去做流浪汉，只不过不愿意费更大的劲去争取更大的成就，也就是更"中庸"一些，那就更是一种可以理解的活法。一个社会可能有一种多数人公认的"好的活法"，多数人的偏好并不构成否定少数人偏好的理由，并不构成论证哪种活法更好、哪种活法更糟的论据。民主的真谛首先在于让别人保留自己的看法，尊重别人的偏好和别人的选择，承认不同的人有不同的价值取向这一事实，并尊重人们保持这种价值取向的权利。社会要做的事情，首先在于要为大家创造出一个尽可能平等的选择机会，然后让大家根据自己所接受的价值标准作出适合于他自己的选择，而不是把我们认为最好的生活方式或生活选择强加于人，或因别人不接受而指责嘲笑别人不如我们活得好、活得有意义。其实，当你嘲笑别人的时候，别人可能也在嘲笑你：过着那么一种无聊的日子，累死累活的，还不自觉，还洋洋得意，还在嘲笑别人！我在本书的前面曾多次提到林语堂先生闲适、中庸的生活观。其实就我个人的观念来说，我不仅对他的"偏好"能够理解，能够欣赏，而且也颇为向往，希望自己能够真的在实践中也进入那么一种境界，但我仍然难以接受的一点就是，他依旧没有脱离中国历代文人的"俗套"，非得把自己的那一套说成是"最聪明"、"最伟大"、"最和谐"、"最完美"、"最健全"、"最优越"的"生活的最高类型"。(这些都是引来的原文。) 你当然可以，也应该把自己偏爱的，或已经选择了的生活方式说成是"最优"的，但也应注意到这仅仅是"你自己的最优"，而不一定就是别人的最优，甚至不能是别人的最优，因为别人与你处在不同的条件之下，有着与你不同的历史经历与现实境况，以及不同的能力性格与不同的偏好兴趣。每个人都有一种只适合于自己特殊条件的"最优选择"，不同人的最优选择是不同的，我们又怎么能把自己喜欢的一套说成是在所有生活方式中"最优"的，让别人也来仿效? 就我的理解而言，经济学是很"民主"的，因为它尊重每个人的特殊选择，承认每个人的选择在其特殊条件之下的合理性，这样经济学也就有利于创造一个多彩的世界，大家都不会按照某一个思想家所认为的"最好"的方式去过同样的生活，大家都变成了一个模样，到头来甚至都不再有自己作出一种独特选择的需要与能力。与一位已逝去的长者辩论是很不礼貌、很不公平的事，但林先生的文章、论述实在太精彩、太独到，不同他辩论而同一些远不及他的二、三流文章辩论，似乎反倒是忽视了他的存在，是更大的不敬。

"为过"和"未为"

既然生活中的选择，取决于我们究竟采取或接受哪一种价值判断、哪一种人生观、哪一种"信仰"，那么我们首先要问问自己，你究竟"站在哪一边"？就我自己而论，我还是推崇一种比较积极的生活观，在"人生如梦"这一共同的大前提下，"反正也是活着，不如做点事情"，而不是用另一句，"一切都是过眼烟云，干什么与没干什么是一样的"。人要有点理想，有点为之奋斗的目标，可以不是为了别的，而只是为了活着有点意思，有一种充实感。倒不一定是为了奥斯特洛夫斯基说过的那句永远可以被引用的话：将来"不为碌碌无为而懊悔"，而是为了至少在告别人世的时候，不为没有为什么东西奋斗过而"无聊"。中国古代哲学中有一句话我十分欣赏话，叫做"以出世的精神，做入世的事业"。我对这话的理解是：尽自己的所能去干事，享受追求的乐趣，不必分心为干成干不成而烦恼。"有为"、"无为"是一回事，"为过"和"未为"是另一回事。你去做了，去奋斗了，不一定就能有为，对此不必多计较，但不去奋斗一番，就一定"无为"，生活也会显得无聊。这里所说的"做点事情"，不是这也做一点，那也做一点，都会一点而哪一门都不太专，而是说要至少把一件事情、在一个领域内做得像点样子，真正搞懂一些问题。也就是说，生活不仅应该有点目标，有点抱负，而且那目标应该高一点，抱负应该大一点。这同样是为了使生活更充实一点，因为山高、难爬，就总有一个高高的山顶在上面等着你去爬，你也就不会觉得无事可做，没有新鲜的东西等着你去掌握。所谓生活的充实，无非就是不断地见到一些新鲜的东西，不断有些新的感觉、新鲜的刺激、新鲜的难题，来填补我们容易陈旧的心灵。

我不确切地知道我的这种观念最初是怎么形成的。父母都是安安分分的人，稍有些不大安分，又早早被扣了个右派的帽子，一辈子坐南朝北，不会有多大的野心；从小对我们子女的教育，也不过是听老师的话，做个好学生，不做出格的事，等等，总的来说比较放任、听其自然，不像现在的家长，把出人头地的希望都寄托在孩子身上，日程排得满满的，学这学那，早上起来讲爱因斯坦，晚上临睡前讲拿破仑，在公共汽车上还要"举头望明月，低头思故乡"。早年学校里的教育，也总是要做一名"人民的勤务员"，做革命的"普通一兵"，批判个人奋斗、成名成家，说将来要当工程师都可以算是一种罪过，不像现在可以公开"叫嚣""不想当元帅的士兵不是好士兵"。"野心"的形成，我想主要是两个原因：一是生活逼的，二是读书读的。所谓"生活逼的"，就是在农村时有一种强烈改变生活现状的愿望。生活条件、工作条件优越的人不一定没有"野心"，但从一种较恶劣的条件中走过来的人更容易不安于现状，力求通过自己的奋斗改变生活环境。现在大学里从农村来的学生刻苦，而城里的学生比较随意，容易兴趣所至、懒懒散散，我想不是没有道理的。再就是兵团时代读杂书，特别是读史书的结果。史书（特别是当年的史书），总是这么一种矛盾混合体：尽管从头到尾都在强调历史是人民群众创造的，但又从头到尾都是些英雄、伟人、"大家"的故事，明白无误地告诉你只有干出点与众不同的事情，历史才会记你一笔。于是，那时一方面是有着改变生活现状的强烈愿望，另一方面在记载英雄故事的书本中思考生活的意义，其结果便是形成了活着得有点"野心"的思想。

　　我想人活着是应该有点"野心"的，特别是青年人，野心不可没有。有野心不一定将来就能有成就，天时地利、个人能力等因素多了，但若从一开始就没有野心，就很难会有成就，因为你就不会在那一个较高的目标下去吃苦耐劳、克己奋斗，你就会觉得吃那份苦不值得。干一件事是如此，活一辈子也是如此。在经济学里，这叫做"目标"不同，"路径"不同；从一开始的每一步，都与最终的效果有着内在的联系。比如做学问，你若从一开始就仅想混个教授当当，那你就可以只把该考的试考好，该教的书教好，每年想办法发表两篇文章，过几年翻译一本外国人的著作，仅此而已。但你若是想真的搞通一些问题，提供一点创见，从一开始你就得把"摊子"铺开，把知识基础打得牢些、伸得广些，不能眼睛仅盯住那几门考试，否则你将来就不可能走到前沿去，因为知识就像一座金字塔，底子不大，顶不会很高；你打下了一个大的底子，将来不一定就能爬到很高的顶上去，但若没那个底子，你就压根别想爬上去。再比如"做官"，如果仅想混一官阶，那你尽可以想法进入国家大机关，把视野放在本职工作、本单位人际关系上，不必学很多的知识，不必去提什么创见冒什么尖，老老实实安分守己，做出一副忠诚样，到时也会有人提拔你。但若想真的做点大事，当个大政治家，你就得熟读《资治通鉴》，广交八方朋友，不贪图大机关的舒适，早早下到基层去从地方官做起，吃苦耐劳，几上几下，该韬晦时韬晦，该冒险时冒险。这样做也不一定就成大气候，但你若不如此绝对成不了大气候，至少做了大官也不会成为名留青史的大政治家，做出些与众不同的事业让大家记着你。克林顿要不是一开始放弃了在华盛顿大都市舒舒服服当一个挣大钱的律师的前途，回到偏僻的阿肯色州"从基层干起"，也就不会有今天当大总统的风光。"发财"的道理也是一样，若一开始就不过想混碗饭吃，比上不足比下有余，老来有一笔稳定的收入，子女有一栋像样的房子，你就可以找点没什么大利润但也没什么大风险的买卖做做，早早就开始吃喝玩乐，进入"守成"

阶段。但你若真的想"大发",成一番大业,从一开始就得读书看报,学习管理,研究市场,想办法创新,干一些别人还没干过的事,兢兢业业、勤勤俭俭,把积累资本这件事本身当成事业、当成生活的乐趣,而不是一心想着挣了钱去怎么花。你这样做了仍免不了出现赔本赚吆喝的事,可能一辈子到头来还是小店一间,但若不如此,你就不大可能摘掉"小商小贩"的帽子。"人有多大胆,地有多大产",这已成了一句特有所指的历史笑话,但此话也不能说全错。你有了大胆,不一定有大产,胆大得无边无际,完全没有现实基础,当然就更不会有那么大的产。但若没有一个大胆,却一定不会有大产。"大胆"不是"大产"的充分条件,但仍不失为一个必要条件。

人要有点"野心",当然首先是指青年人,主要是指青年人。在生活之初,我们都既不了解社会,也不了解自己,不知道上帝究竟给了自己多大的"潜能",而这种潜能不在一些野心的刺激下,可能就不会被调动起来,发展起来,弄不好就一辈子被埋没掉了。都说青春宝贵,从经济学的角度看,青春之所以宝贵,就在于那时你要想"闲在","机会成本"极高——多一份闲暇,你所损失掉的可能是你这个人一生的潜能、一生的成就、一生的"名利"。人一辈子长着呢,你先在年轻时奋斗一番,看看自己究竟能干什么,到了40多岁,知了"天命",能进便进,不能进则退,闲在下来,享受生活,也不算亏,也不算迟，不仅对得起自己，也对得起上帝，它没白白给了你一份天赋，你这辈子未曾试图把它发掘出来加以利用。

当然年轻时不去玩而是去发奋读书干事业，机会成本也不小，因为青春美好，时光不再，此时不玩，更待何时，老了玩着都没大劲。那种时不我待的诱惑是致命的。看着现在的青年人有这么多好玩的玩法、好玩的去处，我经常想我要是活在今天会是什么样子。我们那会儿，反正也没什么玩的，没有郊游，没有电影，没有舞会，没有 Party，男女界线划得很清，闲下来只剩下光棍汉们实实在在的"穷欢乐"，相比之下读书就算是一个大乐趣了，你还能从书中知道天下还有那么多的乐呵。直到大学时代也基本如此，所以我玩得不多，也觉得损失不大。但现在到处是诱惑，所以许多人拼命地玩。但有一个问题需要明确：现在我们尽可玩他个轰轰烈烈，将来却也不要再抱怨得不到成功的机会。机会是为有准备的人预备的。我们没有准备好，它来了，又去了，你没能抓住，没有办法，我们不能抱怨，因为你在当初玩过了、闲过了，已经在年轻时"赚"了一笔，这一笔只好留给别人去赚，你也并没有亏许多。经济学里解释许多问题时都要用到的一个重要因素是"时间偏好"，即你更注重现在的享乐，还是更注重将来的满足。更重视当前的人，对未来不大在乎或不大乐观的人，往往会选择吃光喝光、及时行乐；而对未来较重视的人，则会存钱置家业，少时多读书。我

第四章
"无为"与"野心"

们每个人所面对的问题，都不是当前一时一事上的最佳选择，而是整个一生"总满足"的最大化，要把问题放到一生的长时间去加以"算计"——在这里我们又"俗"一回：不是谈什么"远大理想"、"宏伟抱负"，而是谈有关"一生总满足"的"算计"。

"野心"一词，颇有些贬义，褒义词应是"雄心"。燕雀安知鸿鹄之志，所以称之为有"野心"，但在鸿鹄自己，野心就是雄心，不必忌讳。为了那雄心而卧薪尝胆、长期苦心经营的时候，总有些燕雀在一旁叽叽喳喳，"野心"之类的贬义词不绝于耳，倒是有点可厌又可恶，可算是对鸿鹄们的一种特殊考验。不过，"野心"一词，毕竟还有一层含义，就是对自己期望过高，能力有限而实际上达不到目标所要求的程度。此外还会因各种外在条件的限制、机遇不好等，本来有能力却也无法实现目标，本来的雄心，最后沦落得"野"了一点。但我想即便如此，也一点不亏什么，只要能及时发现、及时承认、及时调整，不再去一条道走到黑就是（这点我们以后还要谈到）。无论是野心还是雄心，两个词里头都有点冒风险的意思。谁能在一开始没有奋斗、没有尝试过的时候就知道自己不行？试过了，不行，放弃，一点不丢人，合情合理，将来也不会后悔。最近看到小说家王朔在他的一本集子的序言里说过这么一句话（大意）："不想当将军的士兵不是好士兵"这么一种信念，弄得许多本来可以安安稳稳过日子的人要来当作家，白费了半天工夫，同时说他不喜欢那种对信念过于执著的人，等等。我最欣赏王朔的地方就是他能把一切"脸子"都撕破了之后讲话，因此也欣赏他自己承认是天才的勇气。但对于没有那么高天分的人来说，我想在一开始仍然应该有当将军的野心，因为没有这份野心，不去尝试一下，你可能一辈子也不会知道自己究竟是不是块当将军的料，只不过试过之后，一旦发现确实不行，要及时承认，以便及时回到安安稳稳过日子的道路上去，过于"执著"，一条道上走到黑，太累了，又没什么收益，不"合算"。想当将军是一种勇气，及时承认自己不是当将军的料，也是一种勇气，都是值得称道的。

嫉妒与"攀比"

以上尽管我想方设法用收益与成本分析的经济学道理来论证人应该有点对"成就"的偏好，不能过于"闲在"，但其实说到底经济学并不能教给我们究竟应该采取哪种人生观、价值观。你如果就是认为闲在一点好、及时行乐好，功名利禄什么都没意思，经济学仍然拿你没有办法，而且仍然要尊重你的特殊偏好，从你的这种偏好出发来理解和解释你的行为，考虑你的需求。因为经济学作为一门科学，原则上不能作任何道德说教，而只能作实证分析，也就是说明人们在事实上怎样生活、有怎样的偏好，不同的偏好会导致怎样的选择，而不是告诉人们应该有怎样的偏好。

那么经济学是否就不能为我们应该如何生活提出点"政策建议"了呢？也不是。它所能做的，是在你给出了你的特殊偏好的前提下，同样用一种实证的办法告诉你应该怎样去做，还能根据你的这种偏好做出你的最佳选择。比如，经济学可以告诉你：如果社会上有一些人想在物质条件上比别人过得好一点（高于平均水平），而你又不想比别人过得差（至少要达到平均中等水平），你就不能过多地闲在，而必须努力奋斗。

有人说"攀比心"、"嫉妒心"、"好胜心"之类是人的一种"天性"、一种"动物本能"（低级动物其实远不如我们这种高级动物会嫉妒）。我不知是否可以这样说，但无论如何，实证地考察，我们的确可以观察到这样一个事实，就是人总是在那里不断地与其他人比较，以至于有的时候我们会怀疑我们究竟是为了自己活着，还是在为别人活着——为了在别人面前有个"面子"，无论这个别人是妻子、儿女、父母亲戚，还是同事朋友，以至于路人。我曾对女同学们说女人穿衣打扮无非就是为了给男人看，她们大加反对，与我辩论一番，最后弄得我确实心服口服地承认错误，了解到女人费尽心机穿着打扮，首先还是为了在同性面前一争高低（至少不显得太落伍）。正因为人的这种与同类相比的特性，所以，在我们的生活中，"相对收入"、"相对水平"等是一种十分重要的因素——"比别人强"或至少"不比别人差"这件事本身就能为我们提供满足，即一种心理上的快慰；而"比别人差"，则能使人感到某种心理上的不安或痛苦。有时我们努力工作，多挣钱，换来的物质享受并不多，真正的"收益"，可能只在于争到了"别人有的我也有"这样一个面子。这就是说，在我们的"偏好体系"里，"好胜心"或"相对收入"，也是一个重要的构成因素，所不同的仅在于，有的人这一因素起的作用更大些，表现更强烈一些，有的人则较弱一些。

现在我们不必假定你的好胜心很强，而只假定你只求达到和保持一种平均水平，但同时假定社会上有一部分人的好胜心很强，总在那里相互"攀比"，争着出人头地、出类拔萃。仅这样的两个假定（这可以说是两个相当现实也相当一般的假定），就可以推论出：即使你只想保持中等水平，你也得不断努力，也得自己给自己定一个较高的目标。其原因就是：当那一部分好胜心强的人争强好胜、力求出人头地的时候，他们的行动不仅拉开了他们与你的距离，而且也把社会的"平均水平"抬高了，这时，你若还像过去那样生活与工作，不付出更大的努力，你所处的地位就会因此而相对地下降，降到平均水平以下。在经济学里，这种现象也叫做一种"外部效应"，即别人的努力，从外部使你的地位发生变化，而你的努力当然也能反过来使别人的地位发生变化。这就是一个"竞争性社会"的逻辑与规律——只要有别人在努力向上，你若不同时也加大自己努力的分量，你就要落伍，就要被淘汰。就像在一个竞争性的市场上一样，你如果没有不断扩大市场份额的雄心，只想保住现在的份额，你最终很可能就要被挤出市场。

"好胜心"、"攀比心"、"嫉妒心"之类的东西，可以导致人们相互残杀，生出许多不择手段的恶事，但也是人类社会不断向前发展的一个积极的动力。一个人为地限制与压制竞争、枪打出头鸟、不允许任何人冒尖的社会，一个真的崇尚"不争"的社会，一定是一个停滞不前的社会。同时，收入过于平等、差距过小，也不利于发展和进步，因为只有存在差距，"攀比心"之类的东西才会发生更大的作用，社会才能生机勃勃，才不会停顿下来。有人曾认为我们中国的文化崇尚"不争"、崇尚悠闲，这很难得到实际情况的证明。我所见过的世界各地的华人，以及受华人文化影响较大的其他一些亚洲民族，都在那里像蚂蚁一样地忙忙碌碌；全世界的"中国城"都是当地最繁忙、最热闹的地区之一，华人到处都显示出自己的竞争性。经济改革以后，我们的国家正在快速地迈向竞争性很强的市场经济。在这种情况下，一个人即使十分努力，成功的机会也越来越小，如果从一开始就不想努力，就真的会有不进则退的后果。所以，即使仅仅为了在今后不至于太"落伍"，我们在年轻的时候也要为自己树立一些较高的奋斗目标。

第五章

金钱与权力

对金钱与权力的态度，也是人的"偏好"或"兴趣"中的一大要素，也决定着人们的生活选择。比如说，我们可以设想，一个人能力不成问题，适合于干任何事情，在选择生活道路之初，告诉他在前面摆着三条"有保障"的路，都会有一番可观的成就，但三者不可兼得，只能从中任选一样：经商，将来定能成百万富翁；从政，将来必有大官可做，至少升至部长；读书，将来可做名教授。这时，对金钱与权力的偏好，显然就会决定他的选择。

我想我们在这里得先把问题进一步明确一下：钱没有人不爱的，多多益善，不会咬手；权也是有用的，有胜于无，不必忌讳；博学亦是美事，发明创造、著书立说，亦可流芳百世。有的人条件优越，精力过人，无所不能，可做到家财万贯、封侯拜相又著作等身。

在有的情况下，几件事情是相互关联的，可"举一反三"。比如在有的制度下，有钱可以买权，有权亦可"刮钱"；在另一种情况下，"学而优则仕"、"书中自有黄金屋"，一旦金榜题名，状元及第，便可高官厚禄，甚至封个驸马，连老婆也配齐了。（我一直搞不清楚的一件事是，为什么在中国存在并只有在中国存在过那么长时间的"科举制度"，这个制度的本质特征是把升官发财都与"学问"相"挂靠"，但恰恰是在这个制度下，一方面产生了那么多无用的学问，另一方面也产生了那么多的贪官污吏，既阻碍了知识的发展，又阻碍了社会的进步。看来"学本位"与"官本位"、"金本位"一样都是有缺陷、要不得的。）问题在于，对于一般人来说，在一般的"鱼与熊掌不可兼得"的情况下，或者说一旦到了那种诸事不可兼得的"边际条件"下，人们会更加偏重于哪一边？这才是我们所面临的选择问题的实质。"偏好"这个概念的一大优点，就在于不是说哪个好、哪个不好，而是说哪个都好，只是在都好的东西中你比较一下觉得哪个"更"好一点，哪怕只有一点点，认为更值得为其多花些工夫、多费些力气。

金钱的悖论

首先要指明的是，经商办公司的人，并不都仅仅是为了钱，特别是力求做大买卖、搞大企业的人，到后来很大程度上不再是为了钱，而更多的是为了成就一番事业，显示自己的能力，实现自我的价值。所以当我们讨论金钱这个因素在人们的选择中所起的作用时，并不是说仅仅是金钱驱使着人们去经商做买卖。而是说，金钱（以及在它背后的"物质享受"）这个因素可能在各种选择中都会起到一定的作用。正因如此，我们需要把它单列出来进行一下分析。

金钱原本是一样好东西。它是社会财富的标志：金钱越多，只要不是偷来、抢来或"刮"来的，表明社会对你所提供到市场上的产品评价越高；它意味着对无论物质产品，还是精神产品价值的肯定和承认，表明你的活动，满足了社会上许多人的某种需要。在现代经济学中，金钱可以说是经济得以发展的第一"原动力"，又是一个不可缺少的"润滑剂"。即使在不存在现代意义上的"金钱"的古代社会，金钱所代表的那个东西，即物质财富，也总是社会追求的首要目标，是社会进步的根本标志。为了金钱，可以生出许多恶事来，从钩心斗角、小偷小摸，直至铤而走险、杀人放火、世界大战。但仔细想一想，若大家都不去努力发财，这个世界会成什么样子？我们就不会有今天的高楼大厦、电灯电话、电脑音响、卡拉 OK、航天飞机、坦克大炮。它们都是人们不断追求金钱，也就是追求物质文明的结果。从这个意义上说，世界其实本来就是由大大小小的"财迷"创造的，没有人们世世代代前赴后继流血牺牲财迷心窍地为了金钱而奋斗，就没有我们今天的一切。

可是"金钱"一词听起来总是透着那么一股子"俗气"。这种现象要是仅发生在现代中国，倒也罢了，因为我们过去许多年一直提倡一种越穷越光荣的价值观念。但问题是，这种情况历来如此、到处如此，由古至今，中国外国，少有例外。在其他语言文字中，"金钱"一词也总是或隐或现地有那么一种贬义。曾听到过一首美国摇滚乐歌曲，一开头就是"金钱、金钱、金钱，一切都是金钱，金钱就是一切"，用那么一种地地道道的俗腔俗调唱来，使你感觉那玩意儿与什么荣誉感、廉耻心之类的东西是毫不相干的。列宁曾建议，到了共产主义社会把金钱（黄金）用来建厕所，与臭大粪为伍，于是就把金钱贬到了最底层。所以，真正值得研究的问题不是金钱本身是好是坏，而是为什么人们历来一方面追求金钱，另一方面又把金钱说成是那么不值得追求。我觉得，原因可能是多方面的，比如说人们之间为金钱而展开的争斗，使金钱本身成为暴露人类最卑劣天性的显示器；物质富足会使人变得性情懒惰、能力衰退等。不过我想就我所观察到和体验到的事实，提供一种"歪理"，供读者一哂。

文字的涵义主要是由文人们赋予的。而历代的文人，首先都不是真正的穷人，至少幼时家境还过得去，因此能上学读书，有了文化。而一旦有了文化，便能从一种无文化的人所不能领略的精神生活中得到一定的满足，或者说，产生了除物质需要之外比别人更多的精神需要，也就是现代"马斯洛人类需要说"所描述的需要序列中较靠后的几种需要。正是这种别人所不具有的精神生活，使文化人、知识分子、"社会精英"们与文化较少、知识水平较低的"俗人"们相分离开来，于是他们便感到了自己的不俗。这些不俗的人后来并不一定都成为富人，有的人升官晋爵或扩展了祖上留下的产业，有的人则穷困潦倒、布衣终生。但问题是，这两种人——富有的知识分子和穷困的知识分子——会不约而同地都去想方设法贬低金钱的价值和那种追求金钱的生活方式。富者不愁衣食，已不必去想如何挣钱的琐事，尽可整日吟诗作画、抚琴弄弦，为了显得既与劳作着的大众不同，又同那些没什么文化的富商巨贾"暴发户"相区别，他们要特别地贬低金钱的意义（反正他们钱多，金钱的"边际价值"对他们来说已递减到相当小的地步），使自己显得轻利重义，至少口头上、文字上，说给人听、写给人看时一定要如此做作。另一方面，那些穷困书生或落魄了的文人，自己穷，却又不甘与那些没文化的一般的穷人相混同，况且的确也有差别，即他们能够比没文化的穷人多一点精神生活，于是便也特别地要表白他们是如何地不爱财（爱也没有，爱也没用），如何地清高（清高，清贫但自视高于其他贫者也），如何地重义（没有利，只好重义），如何没有钱一样也能过一种很丰富、很满足的生活，以掩盖没钱的尴尬。于是，在定义文字涵义的文人中便有了一曲贬损金钱的二重唱，高声部堂皇、低声部穷酸，共同左右舆论，于是金钱就不会再有很好的名声。

　　这一理论可以解释很多现象。首先可以解释的是：历史上那些著名的闲士、隐士，无论是贫穷得"茅屋为秋风所破"者，还是"有点钱但不多"、鼓吹中庸之道的雅士，也无论是像陶渊明那样自己选择了辞官归去，还是像杜甫那样被贬而不得已自食其力者，总之，所有那些的确没什么钱但看上去生活过得仍蛮有"乐趣"的人，一定是：第一，原先并不很穷，并因此而有文化；第二，有了文化，甚至是很高的文化，从而达到了一种"境界"，有了自己那么一套特殊的精神生活和那么一种特殊的偏好观念，成了所谓的"精神贵族"。陶渊明"不为五斗米折腰"，回乡赋闲，仔细查一下，原来他自己先前是有"五斗米"的，不然不会有那么高的文化，写出那么一篇千古绝唱的《归去来辞》；孔夫子立论"君子喻于义，小人喻于利"，原来他自

第五章
金钱与权力

己是贵族出身，已到了不论千辛万苦、一心只想着游说八方君主、兴邦治国、克己复礼的"崇高境界"；林语堂先生的家庭出身我不清楚，但当年留洋西方者，家里一定不仅有些产业，而且也一定是几代的书香，这么一个出身，那么高的文化，也就难怪能对"钱不多但有一点"的中庸生活推崇备至了。总之，要想过那种被文人们推崇的"穷，但心安理得、仍很幸福"的生活，看着别人富裕不嫉妒、不着急、不去努力为改善自己的经济状况而奋斗，一定是那些早年有条件读书识理、然后又能进入某种超凡脱俗境界的人，而不可能是一般的"俗人"。以此类推，也可解释宗教的作用。宗教可以被视为一种穷人的文化或为了穷人而设立的文化。它为没什么文化的一般的穷人创造出了另一番有别于现实生活的精神世界，使人们通过进入另一种境界而不再多想现实世界的贫穷，使他们在尘世的日子过得稍微平静一些、安然一些。而若由此再往回反推，林语堂先生向我们大家极力推崇的那种"都市隐士"般的生活方式，就有点成问题了：它会在客观上起到与宗教一样的"麻痹"世人神经的作用。我自己现在大小也算个"文化人"了，我似乎有权利对我们"自己"说一句不那么中听的话：文化人最"没劲"、最"缺德"的一点就是总想把自己比别人高明一点的那些东西拿出来炫耀，把自己的那套生活方式吹得比别人的怎么怎么高明、高尚、高级，然后想方设法地把它强加于所有人，并不说明条件，以满足自己做"精神领袖"的欲望，从不愿设身处地为别人想想怎么才能像自己那样生活、这样生活又有什么好？一个穷人以至于一个穷国，努力发财，挣钱攒钱，追求物质上的富足、享受，难道不是最应该、最合理、最积极的吗？再者说，又怎么可能让穷人对金钱采取一种"有也好，没有也行"的态度呢？没有行吗？在科学文化已比较发达的今天，真正的没文化的穷人越来越少了，物质享受的程度也越来越高了，"穷"的概念已大大不同了。这就意味着，要想用精神生活上的乐趣来弥补物质享受上的不足，也是越来越难了。因此，我们仍然无法向大众们提倡那种"现代隐士"的生活方式。

我说这些，有很大一部分其实是出自内心的体验。我想我在骨子里是属于那种潇洒不到甘心清贫的程度、又不愿让人看我整天忙碌只为挣钱的"羞羞答答的财迷"；我一方面可以理解人们对金钱会持如此蔑视的态度，但另一方面，或许我的专业是经济学，理论上又觉得人们应该努力地去爱财、发财。从小我的家庭经济状况应该说还是不错的。父母由于新中国成立前大学毕业，很早就有了高级专业职称，在当时就属于高薪阶层了。后来父亲被打成"右派"，因"错误较轻"，仅被降了两级工资，生活水平在那年代应该说相对是富裕的。我一下乡参加工作，到的是国营农场，一上来就有40多元的工资，没有经过当年18元一个月学徒的阶段，开始竟不知那钱应该怎么花。"转

第五章
金钱与权力

插"到农村挣工分,当然是最穷苦的阶段,但一是时间不很长,二是有家中资助,也没有真的穷到份上。后来由于在县城里重新入了国家职工的名册,上大学读研究生时按政策可以"带工资",比起其他同学也算是优裕的。再往后由于较早出国,有了一笔可观的外汇收入,早早置齐了几大件,又一直没要孩子,上不用抚养老,下不用供应小,虽然前些年兜里从不宽裕,很多年没有一分钱的人民币存款,和女朋友出门常常兜里只有两三元钱,从来没敢充过"大款",但总的说来也不曾真的在钱的问题上受过很大的窘迫——肉总是要吃的,咖啡总是要喝的,衣服不曾去买处理品。我想像我这么一种"不尴不尬"、不上不下、不贫不富的生活状况,是最容易接受传统的"君子不言利"的价值观念了。从未真正富过,享过什么大福,花过什么大钱,甚至很长时期内作为一个中国人不知道富能富到什么样子,也就不会有富人那种没钱活不了的感受——没有"上去"过,也就说不上"下来",老在下面待着,只要不时地有点长进便可满足;也从未真正受过穷(这当然是在一定社会中的相对感觉),总还是比上不足比下有余;没有真正尝到过贫穷的苦处,所以又缺乏在经济上彻底改变地位的动力;加上又有了点"精神生活",更加上从小受惯了那套"小人喻于利"的重精神满足、轻物质享受的误人子弟的传统说教,生活中的朋友又没有吃喝玩乐特别"物质"的一类,所以钱的概念,在个人生活选择中一直排不到前面去——对钱的偏好总不那么强，至少在人面前总要摆出一副"无所谓"的面孔。

想一想当初英国资产阶级的形成，主要有两个来源，其一是那些开始落魄的贵族纨绔子弟，这些人从小吃喝玩乐惯了，不学无术但深知钱之重要，于是借助特权与暴力，经商、"圈地"、对外征服，重新积累财富；其二便是那些一贯受穷、被压在社会底层的平民"第三等级"，凭借其吃苦耐劳、细心经营，逐步发展为工商业的"暴发户"。那些有点文化、日子过得不上不下的文人阶层成为资产阶级的，不说没有，总是少数。我想这不是没有道理的。像我这种羞羞答答、既缺少压力、又缺少动力、满脑子清规戒律的小财迷，这辈子恐怕是发不了大财的。

但我与某些"雅士"的区别，恐怕在于我不想把我所拥有的某些偏好、观念说成是高尚、超凡脱俗，并试图将其推而广之，让别人也来效仿，并把别样的偏好、观念说成是"低级的享受观"。你可以有你的偏好，但你也应该理解别人、尊重别人的选择。不仅对现在走上经商之路的各路豪杰应该如此，即使对一些人"贪图小利"的行为，也应作客观的分析。在美国的时候，经常可以见到一些中国的访问学者，四五十岁的教授、副教授，悄悄地跑到餐馆去打工，或是在拥挤不堪的厨房里刷碗，或是在寒冷的夜色中看管停车场。有的人为了吃两顿免费

第五章
金钱与权力

的饭，周末老往教堂跑，没事总去逛那些跳蚤市场、旧货商店。年轻一些的中国留学生对此大为蔑视，说这些人不务正业、有失身份甚至有损"国格"。但仔细想想，固然可以为他们感到悲哀，但你得对他们表示理解。中国五六十岁这一代知识分子，是最穷困的一代，既没有上一代知识分子那样拿了几十年的"高薪"，又不像我们这一代毕竟还赶上了改革开放。他们大学毕业后几十元一个月的工资一挣就是几十年，一家老小要他们抚养，一辈子紧巴巴地过日子，吃的是草，挤的是奶，好些科研单位里早逝的还不都是这些人，连生命都被糟蹋了。到了美国，打一天工挣的美元就可能比他们在国内一个月的工资还多，而且这辈子可能就这么一次机会攒一些钱回来买齐几大件了，家里人还在眼巴巴地盼着，你怎么能叫人家不"见钱眼开"。其实年轻的一代也何尝不是这样。我见过一些中国留学生，毕业以后在美国找了一份其实很一般的工作，但有了固定的收入，开始买房子、买新车，那种满足感便立刻溢于言表，对国内来的"老表们"颇有炫耀之意，叫人看上去很不舒服，但这也是可以理解的。想想青年学者中，大多数从中国边远贫困的城镇农村考入大学又参加工作，多年过着穷学生的生活，毕了业还是住那黑漆漆、乌烟瘴气的筒子楼，寒风里骑着破自行车到处跑，出国留学后也一直要打工挣钱交学费，艰苦奋斗好几载，如今柳暗花明，物质上有了转机，难道还不该得意一番吗？

权力与约束

对于掌握公共权力的人，历来有着不同的词语来加以描绘，并且总是有贬有褒。比如说"当官的"就有贬义，而"领导"就是尊称；"政客"一词，让人想到的是为官从政者如何诡诈狡猾、心狠手辣、厚颜无耻，而"政治家"，则让人想到运筹帷幄、经邦治国、为国为民的伟人。

与对待金钱的态度相类似，中国的知识分子们，在对待权力的问题上，一方面有着"学而优则仕"的悠久传统，另一方面又百般标榜不畏权势，自诩"天子呼来不下船"，其实骨子里也是想当官，当不成官时便说"不当也罢"，吃不着葡萄说葡萄酸。客观地说，权力本身是"中性的"，问题在于谁来行使、怎么行使，可以用它办好事，也可以用它来办坏事。争权夺势者，许多人的确是为了争夺一份为人民服务的权利。而且，面对权力，"好人"不夺，"坏人"就要夺走，对此当然不可等闲视之。许多利国利民的社会改革方案、经济发展计划，也都要借助权力才能实现。在掌权的人中，有知识的人越多，特别是懂得经济学、法学、社会学、政治学知识的人越多，社会管理越科学化、专业化，社会的发展也能更加顺利。所以我说应该有更多的知识分子去做官从政、谋求权力，而不是远离权力。

但这只是一般的道理，具体到每个人，可能都同意这一道理，但在"偏好"上却会有很大的差异。在我过去的大学、研究生同学中间，选择在做官从政与治学写书两项事业之间，大致存在着三种态度，一种就是所谓的"书呆子"，毫无做官的愿望，待人接物也总是谦让三分，毫无"领袖欲"。第二种是"无所谓"，完全没有特别的喜好，采取走着瞧的态度。机会好了，到政府部门谋一官半职也不错，没有什么机会，在大学教书，在研究所搞研究，也高高兴兴。两种生活方式从个人偏好的角度看，对他来说是"无差异"的。第三种人也就是所谓的"官迷"了（此处"官迷"一词，完全没有贬义，只是借来形容一种"偏好"）。其中一些甚至从进校门之初，志向就早已确定，将来就是要努力在政界一显身手，最喜欢看的闲书是政治人物传记，最乐意议论的是政界人物的升升降降，喜欢组织和参加社会活动，早早地注意建立和发展有价值的社会关系与政治关系，一门心思地要尽快"升"上去，连"做派"都早早地学起，我们戏称为"未当官先有官僚样"。那时我看着身边那些偏好各异的同学，暗自叹服"上帝"的合理安排：他使每一种职业都成为一部分人的爱好，使得这部分人完全出于对职业的热爱而努力工作，以至于可以不计报酬，收入低、待遇差也在所不惜。如果说社会上别的一些人当官是为了发财，我相信我的这些同学之所以热衷于从政即使不是出于为人民服务的崇高愿望，至少也是出于一种个人正当的事业心和成就感。我们的社会将得益于他们。试想，如果搞政治的人们不热衷于政治，都以一种无所谓的、三心二意的态度搞政治，社会至少要出更多的钱来使一些人安心当官、认真从政、管理社会、完成各项公益事业，一个"好政府"的社会成本就要大得多。

一个人究竟是出自名门望族更倾向于从政，还是"苦孩子出身"、"受欺压"较深更倾向于从政，我不得而知。有的情况下，法门寺的贾桂站惯了，自己不敢坐下，也影响到他的孩子不敢坐下，继续做奴才。但有的时候情况可能刚好相反，压迫最深、反抗最重，越是当过"奴才"的，越是能认识到权力的价值和作用。或者，对于一些人来说，正是因为当过了"奴才"，才发誓这辈子非要当一回"主子"。不过据我的观察和体验，在我们这个社会中，少年时代家庭政治地位不高的人，政治抱负不会很大，因为从小父母就会不断地告诫你，在人群中、在各种活动中，不要出风头、不要逞强、不要冒尖，要随大流，要听话，不要去当什么头，更不能带头闹什么事。这种教育会潜移默化地融进一个人的性格中去。我的父亲是"右派"，从小就记得他"下放劳动"，一个月才回来一次，晒得精黑，人精瘦，到家里还要一篇一篇地写东西，保姆告诉我那是在写检查，是写给领导看的。从很小的时候开始，我就记住了父母、亲属

第五章
金钱与权力

以至于保姆都讲过的一句话，叫做"夹起尾巴做人"。上小学的时候，因学习不错，也当过中队长、大队长，但从来是想着怎么当个听话的好孩子，而不敢向别人发号施令，就连淘气捣蛋，也是跟在别人屁股后面行事，自己从没真正当过"领头的"。后来开始了"文化大革命"，我这"黑五类"的出身，走上社会，自然也没"官"可当，也就从不去想。有了些社会经验，读了些书，懂得了一个人干什么事都要有主动性、创造性，要敢于发表自己的观点，坚持自己认为正确的主张，但仍然很难培养起如许多我所熟悉的人所拥有的那种宏大政治抱负。

在生活当中，对一件事兴趣显得不大，往往是因为对别的一些事"偏好"较强，所以当面对选择时，就总是往别的方面倾斜。与做官从政"相抵触"的兴趣、偏好，可能有多种，前面提到的金钱、闲暇等，都属于这种"相抵触"的东西。在此特别一提的是对"自由"或"独立性"的偏好。"自由"也是可以为人带来满足的，因而会与"当官"这件事"相克"。这是因为，做官从政，即便可以身居高位、前呼后拥、炙手可热，一人之下，万人之上，以至于当国家首脑，但所谓官职，都是政府的组成部分，做官者手中的权力，都是公共权力，政治家们都是公共人物，是在行使着公众赋予他们的某种职责。所以，做官从政者，必须置于领导与公众的监督之下，有的时候公众监督或群众监督可能不起什么作用，至少也还是要置于"领导"

或"同级"(以及事实上的同级)官员的监督与相互监督之下。这种监督平时可能体现不出来，但一到"提升"的时候，便会起到决定人命运的作用。有些人在官场上总抱怨行动不自由，处处受人管，但这其实是做官从政这一职业的特点——因为你行使的是"公权"，公众或赋予你权力的"领导"自然也应该有监督你行使好权力、按照某种"规章"正确行使权力的权利。国有企业的领导人员（他们也有官级），之所以要受到比私人企业主更多的监督与管制，是因为他们管理使用着公有财产、国有财产。既然如此，原则上你就不能按照个人利益、个人愿望或仅仅按照工厂全体职工的利益和愿望来支配财产、行使权力，而必须在各方面监督之下使权力的运用符合社会公众或国家的利益。从逻辑上说，国有企业经理的"自主权"或"自由度"，一定会小于私人企业、"个体户"的"自主权"或"自由度"。从这个意义上可以说，在一个健康的政治体制下，政治家的特殊代价就是额外的一份"个人自由"（而我们百姓"个人自由"较多，但权力较小）。我们每个人在社会上生活办事，都没有绝对的个人自由，但政治家、官员，相对而论，个人自由就应该更少，而不是更多——社会既然把公共权力交给你行使，这么大的责任与荣耀是以你必须接受公共监督为条件的。相反，如果我们发现某些官员可以不受监督地为所欲为，以权谋私而不受惩罚，那一定是体制上出了什么问题。在中国的现实条件下，

第五章
金钱与权力

说"当官的"比我们小民的"个人自由"更少，恐怕很少有人能够信服，我们甚至可能无法举出很恰当、很能说服人的例子，然而在某些特定的问题上还是有例可举的。比如，作为一个在研究所工作的普通学者，我写文章、发表观点，对于决策的影响、对于社会的影响可能没有政府官员那样大（这是权力较小的表现），但我却有比政府官员们更大的自由发表个人观点，用不着过多地去想我的观点是否与我的领导的观点相左、是否与政府宣言中的"提法"相一致之类的问题，也不用担心"外电"援引我的话然后在前面加上一句"某政府官员称"。一个私人企业主心血来潮，可以把自己的资产从生产中撤出来，只要不去干非法的事，这是他的个人自由。而一个国有企业的官员经理（官员加经理），原则上说必须按照国家规定的方式花钱，不得随意处置国有资产，因为社会和国家上级机关有权监督你是否滥用权力将国有资产用来谋取私利。在我们中国的社会中，对政府官员的个人隐私还是相当保护的。在西方国家，要当政治家就要准备着丧失一切个人隐私，政治地位越高、官做得越大，受到的公众监督越多，越是难以保持自己的隐私。在那种情况下，你就更加可以理解为什么许多人给他官也不愿去做（不过不必担心，总有人会去做、抢着做，这就是个人偏好的差异）。1987年我在美国时，总统预选已经开始，民主党一位最叫座的候选人因与女模特有染而早早败下阵来。当时有人提了个问题：在美国 80% 的男人有婚外男女关系，为什么非得要求我们的总统来自那 20% 的"纯洁的一族"？这无异指出了：你要想当总统，就得失去在一个 80% 的男人有婚外男女关系的国家中的"有婚外男女关系的自由"。这个例子也许太"歪"了一点，但也在一定程度上说明了公共权力与个人自由的矛盾关系。

所以我想，从政也是要以一定的"偏好"为前提的，只有当一个人对行使公权、为公众服务的偏好大于对个人自由的偏好的时候，选择做官从政、做"公共人物"的一条道路，才比较"顺"，否则会产生很大的内心冲突和外部矛盾。比如，有的人一方面是个学者，希望能保持和发表自己个人的观点，另一方面又做了官，要考虑影响，考虑与政府精神相一致，结果，往往会顾此失彼，或是为了发表个人观点而耽误了政治前程，或是为了做好官而不得尽情地发表个人观点，随时注意自己作为政府一员所可能产生的影响。所以，我常常暗自钦佩为官从政者的牺牲精神。反过来，遇到与做官有关的选择问题时，我就常问自己：你能否做得到那么样的克己奉公？

不过，有时令人哭笑不得的是，我们虽然是学者，有些人却偏认为我们发表的东西就"代表政府"，有的人则要用政府官员的"水准"来要求我们这些书呆子，要求我们的一言一行，也要像政府官员那样与政府的政策宣言相吻合。我想这可能有两方面的原因：第一，我们的研究机构迄今为止都还是"国有"

的，我们这些研究人员也是"吃官饭"的，所以导致一些人认为我们也都应该"打官腔"；第二，由于多少年来（4000 年还是 40 年，我不得而知）传统观念的影响，我们的一些学者，总不习惯于首先"站在政府之外"客观地分析种种社会因素之间的相互关系，然后再为有关的当事人（可能是政府，也可能是非官方机构如企业、组织等）出谋划策，而是一上来就"站在政府之内"，一心想以政府的观点、角度观察和思考问题，以"政府代言人"自居（没有人封他），本身不是官说出来的话都像官，以致会以官的口气、以代表政府的口气教训百姓小民，结果自然也就被百姓小民们认同于政府官员。其实如果你说的话一旦真的引起了一些麻烦，弄得真的政府官员走出来对你加以"管束"，并要以政府官员的标准要求你，要求你再说话时一定要先"认真学习文件"，搞清楚了政府想说什么之后再说，你可就真的麻烦了。所以我想，开展真正的学术民主，促进百家争鸣的第一步是在每一篇发表的文章之前都注明作者究竟是仅仅代表自己呢，还是想代表（不管是否有人授权代表）政府说话，把"角度"先搞清楚，以避免产生混淆，各方面的关系也可以顺一些。

"为他"与"为己"

以上讲了许多关于幸福、满足、兴趣、雄心、偏好之类的"理论",而这一切似乎都仅仅是"个人"的,或我们"私人"的。每个人都在最大化自己的幸福或满足,那么,我们经常所说的"社会"、"人民"、"祖国"在什么地方?"公共利益"在什么地方?怎么解释在现实生活中的许多助人为乐、先人后己的现象?怎么解释慈善家的行为?在我们生活的选择中,难道就仅仅考虑我们自己的幸福而不考虑他人的利益?

80年代初,报纸上曾经有过一次热热闹闹的大讨论:"人都是为私的吗?"我不知道人们究竟怎样看待那一次讨论,认为它有结果还是没结果。用经济学的理论来衡量,我认为那次讨论是没有什么成果的,因为从头到尾,不论参加讨论的哪一方都把各种不同问题以各种方式搅浑了,没有谁真正说清楚了问题。最大的混淆有三：一是混淆了人是只为私不为公或反过来只为公不为私的问题，与人能不能为公的问题；二是混淆了是否有人会为公的问题，还是多数人、一般情况下人们究竟是为公还是为私的问题；三是混淆了人们实际上是为私还是为公的问题，与你要提倡、鼓励、教育人们为公或为私的问题。这三大混淆就把问题搅得乱七八糟，最后我想许多人不是更清楚了，反倒更糊涂了。

　　为公与为私，为他与为己，历来是人的社会生活中的一大矛盾。我们这些年的社会风气则经历了从"狠斗私字一闪念"到"人不为己就是大傻帽"的变化。社会上，一些"大公无私"、"为人民服务"叫得最响的人，往往在干着营私舞弊最肮脏的勾当，而一些默默无闻的小人物，却真的在那里不图回报地为他人做着好事。有的人损人利己、以致损人不利己专以损人为乐事，有的人则一副热心肠，每每叫你感动得热泪盈眶。我们自己有时与别人斤斤计较、寸步不让，可有时就是能做出一些让他人也让自己感动的助人为乐的事。在我们这个集体主义、社会主义意识形态占统治地位的国家里，仍有不少人在那里以权谋私、损人利己、坑蒙拐骗，而在像美国那样的个人主义为天经地义的国家中，我的确见过不少的人真的不计报酬、不图回报地为社区，为穷人，为公益事业认认真真地工作，或捐款捐物。我自己从很早就被指责为"个人奋斗"。我也承认的确如此，而且认为应该如此、不能不如此，但我们从事的工作本身却确实与国计民生不无关系。经济学家们整天在那里设想着怎么才能使整个国民经济更快地增长、人民生活水平更快地提高，一个政策建议（比如"提价"）即使会挨骂并且首先使自己倒霉（物价提高，首先倒霉的就是我们这些拿固定工资科研人员），但只要真的对发展经济有利，从长远看对提高大家的生活水平有利，也仍然要积极鼓吹。在经济理论研究中，我主张要多往坏处想少往好处想，要以人人不仅都会谋取私利，而且一有机会还要损人利己为出发点来制定经济政策，而不能把经济政策建立在人人都能自觉地去义务劳动、为人民服务的基础上。但与此同时，之所以现在我唯一按期阅读的一种非专业杂志是《读者文摘》，不为别的，主要就是因为那上面总会有一些文章，真诚地描绘人类爱心、人与人之间相互关怀、一般人的亲情与友情，总之是人性中一切美好的、读来令人感动不已的东西。我不仅相信它们的存在，而且相信它们将更多地存在，虽然我不相信靠"教导"、"灌输"、"宣传"它们就能更多地存在。可见，"为公"与"为私"的问题的确使人迷惑，也很容易引起争议。

问题不在于那些较容易解释的现象，比如在市场经济中，个人与企业的行为都要考虑到"别人"，因为在市场上"要想自己获利就要满足他人需要"。再比如，对于政治家来说，"要想做一个好政治家，就要为老百姓做几件实事"。这些行为或其他种种"图回报"的行为和现象，解释起来比较容易，因为在这些行为中"为别人"只是手段，"为自己"是最终的目的。真正的难题在于如何解释那些真正"不图回报"的行为，以及同一个人既会为私也会真的为公这样的现象。所有这些现象，包括种种相互矛盾的现象，需要有个解释，并且不是就事论事的解释，而是有一个"理论框架"，能把所有矛盾的东西都联系起来给出一个统一的、系统的、理性的，而不是感情的，科学的而不是道义的，不存在自相矛盾、也不存在概念混淆的解释。

我相信只有经济学能给出这样一种解释。

"利他主义"

人是一种社会动物，这无非就是说他是生活在与他人的相互关系之中的，人与人是相互发生联系、相互发生影响的。这种相互影响的一个重要方面，就是一个人的幸福或痛苦，会对另一个人或一些人的幸福或痛苦产生作用。比如，"阶级敌人完蛋之时，就是人民大众开心之日"，就是说"阶级敌人"的痛苦，会导致"人民大众"的幸福；"无产阶级只有解放全人类，才能最终解放自己"，就是说，只要还有"2/3 的劳苦大众"没有幸福，"无产阶级"就不会获得幸福。这些例子未免太"大"了一点，让我们还是举点更实际的例子。儿女孝顺父母，或者反过来，照现在经常可见的情况，父母"孝顺"儿女，就是父母或儿女的幸福，会使儿女或父母感到幸福。现在许多年轻的父母，自己省吃俭用，终日操劳，一心为了那个独子或独女儿的幸福，完全置自己于度外，在他们的"偏好体系"中，最重要的显然不是他们自己，而是子女。或许有人会说这种情况下，人还是只为自己，因为子女和父母本是一家人，"私"的概念稍加扩充就可以不是指私人，而是指"私家"。那么就不妨再往远了说说。经常发生的一种情况是，单位里别人长了工资、分了房子，或有了什么好事，有些人会感到不舒服、不痛快，晚上睡不着觉，即使他们也长了工资，也分了房子；而在另一些情况下，我们的好朋友事业有了发展，工作上有了成就，我们会感到高兴，由衷地表示祝贺，就像我们自己有了成就一样。

在经济学里，如果一个人幸福的增加，能引起另一个人的幸福也有所增加（不一定同比例增加），或一个人的痛苦，会导致另一个人的痛苦，就说这两个人的福利是"正相关"的（比如家人、朋友等）；相反，若一个人的幸福能导致另一个人痛苦，或一个人的痛苦会使另一个人感到幸福，就说这两个人的福利是"负相关"的（比如所谓的"阶级敌人"）。如果一个人关心社会的进步、国家的昌盛、人民的幸福，就说这时人民的利益与一个人的利益是正相关的；而若一个人处处与人民为敌，大家过好日子他难受，整天在那里不仅不顾国计民生、经济增长，而且专门找碴挑毛病，看着人民收入提高，日子越过越富裕，不符合他的那套"越穷越光荣"的伟大理论，心里就别扭，我们就可以说这种人的利益与"人民的利益"是"负相关"的，我们就可以称他为"人民公敌"（有的人名为"人民公仆"，实为"人民公敌"，是不是与仆人有时看到主人越发财心里越不痛快的道理是一样的呢）。而如果一个人与另一个人毫不相关，或者毫不关心，别人无论是幸福还是痛苦都对他不发生任何影响，则说他们之间"不相关"——不相关也是一种相关，即零相关，或不正不负相关。

但这样解释之后，似乎还是没有解决人们到底是为私还是为公的问题。为了说明这个问题，我们不妨先就一个具体的情况加以讨论，比如"助人为乐"，这可以说是"雷锋精神"的一个重要方面。

"助人为乐"者，顾名思义，是因为帮助了别人，使别人获得了幸福，自己也获得了快乐。词中那个"乐"是谁的乐？是"自己的乐"，不是因为他"助人"而使别人获得的"乐"，而是帮助别人的人因帮助了别人而使自己得到的"乐"。这首先说明，乐于帮助人的好人，并不是因为没有自己个人的幸福，而与我们这些一心只为自己的人有所不同（假定我们只为自己），或与那些把自己的欢乐建立在别人痛苦上的坏人不同。他们与一般人或"坏人"的区别之处仅在于，他们能把别人的幸福，当成自己的幸福的一个组成部分，别人的幸福与他的幸福"正相关"。他们正是因为如此才与我们不同，显得更高尚、更美好。但是，在一个基本问题上这些"好人"与我们仍是相同的，那就是：他们也有个人的"偏好"体系，也有个人对什么是幸福、什么是痛苦的评价，他们也会最大化自己的幸福。只不过他的"幸福观"或他的幸福的"构成"，与我们不大一样，其中包含着别人的幸福，而在我们的幸福中，只有我们"私人"的而已。

其次，要搞清楚的一个问题是，乐于助人为乐的，并不是就没有自己个人的私人利益，不是没有专属于自己的、从自己的物质享受或精神享受中所获得的满足。换言之，"一心为公"，"大公无私"等，只在形容词的意义上是正确的。作为个人，总得有点属于自己私利的东西，而不可能真的"一心"为公，大公"无私"。如果有谁说存在那样的人，那一定是骗人，是不切实际的空想，要求人们仿效这种行为模式也一定失败。实际情况总是为公不等于不为私，大公并非完全无私。雷锋（我们在这里不去考证雷锋其人其事，而只是把公众心目中的雷锋作为一种"类型"来进行分析）把自己的存款寄给灾区，他一次只寄了200元，而并没有把自己的积蓄全部寄出，他比那些收入更高、存款更多但一分钱没寄，或只寄了比如说20元的人高尚得多，也绝不因没有把自己的存款全部寄出就不高尚、不伟大。但毕竟"没有全部寄出"这件事说明了他作为个人总得有点自己的私利，并且正因如此而更合理、更"近人情"，更显得出他的实心实意。改革开放后有一则报道说，在雷锋展览馆里摆出了雷锋生前用过的进口手表和皮夹克，这就更符合实际了。雷锋因此不再是被人为地装扮起来的不食人间烟火的圣人，而是一个活生生的、可亲可敬的具有"利他主义"精神的个人。

这就是说，助人为乐的人与我们这些只为自己的人的差别，不在于有没有自己的"私利"，而仅在于在他的个人利益的结构

第六章
"为他"与"为己"

中、在他对幸福的评价体系中，不仅有自己的私利，而且还有一份他人的利益、公共的利益。用一句数学语言说就是，如果说我们的利益结构是"一元的"（仅有私利），助人为乐者的利益结构则是"二元的"（不仅有私利，还有公利）。如果更现实一点说的话，我们多数人也并不是完全不关心国家，不关心集体，不关心整个人民的利益，像咱们北京人还特别以整天"为政治局操心"而闻名于世。因此我们个人的利益结构，实际上也是"二元的"，而我们与雷锋的差别仅在于：在他那里，"公利"所占的位置更重要一些，所起的作用更大一些，雷锋对公利的"偏好"更强一些，而我们这些人则对"公利"看得更轻一些，偏好更弱一些，私人利益在"选择"中所占的位置更重要些，所起的作用更大一些。换言之，私心人人都有，只不过有的人"私心重"些，一事当前，先替自己打算，而像雷锋这样的人则私心更轻一些，把人民的利益放得更靠前一些。

　　总之，每个人都最大化个人的幸福或满足，同样可以"为公"、可以助人为乐。具有关心他人、关心公共利益这种优良品德的人，特点就在于他有一种特殊的"偏好体系"、价值观念，也就是所谓"利他主义"的价值观念和行为方式（在经济学里，这称为"利他主义效用函数"）。不过这里需要注意的一点是：说一个人具有"利他主义"并不是说完全利他、一点都不为己，而只是说他不仅关心自己，也能够关心他人。如果说"大公无

125

私"这样的概念，更具有形容词的意义的话，"利他主义"这个
概念则更具有严格的、确定的实证意义。

"利他主义"的表现形式可以是多种多样的，从关心家人、
朋友，到关心公益事业、全民利益，帮助穷人，从事慈善事业
等。无论到什么时候，"利他主义"都是一种令我们感动、值得
我们赞美的美德。它是我们这种社会动物的"人性"中美好的
一面。它是许多人偏好体系的一个组成部分，也会体现在我们
大大小小的生活选择之中，是解释许多社会现象的一个不可忽
视的因素。

个别与一般

在有关"公与私"的讨论中，经常发生的一种情况是：有
的人用有些人助人为乐、大公无私的事例来论证人是可以为公
的，另一些人则用人们为私的事例来证明人们只是为私的，而
且往往都是一下子推而广之，说到大家以至于"人类"都是如
此。以上关于私利与公利之间关系的分析，我想已经能够在一
些基本问题上说明这种讨论错在什么地方。但还有一个问题需要
搞清：究竟是"有的人"能够不图回报地为人民服务、助人为
乐，还是社会上"大多数人"在我们当前的社会条件、文化传统

下都能够不图回报地为人民服务？我们究竟是在讨论一种可能性，还是要实证地说明我们社会中一心为公的人占多大的比重，一般人、多数人目前的"私心"或"公心"究竟有多"重"？

在这种问题的讨论中（以及在许多社会经济问题的讨论中），举例子是不能说明问题的，没有什么意义。在一个处处提倡集体主义、共产主义的社会中，你可以找到图财害命的罪犯，在一个私人利润占支配地位的国家中，你可以找出慈善家（不论你说他"虚伪"与否），但这些例子都不能说明这个社会实际上（而不是人们希望的）占支配地位的、多数人所信奉的道德标准、价值观念究竟是什么。而真正有意义的问题恰恰不在于能不能找出正面的或反面的例子来证明或否定某种可能性，而在于实证地、科学地、实事求是地，而不是闭着眼睛不看事实、一相情愿、强词夺理地考察在一个社会中、在多数的情况下，"多数人"的行为是非和道德观念。而且仔细想一下就不难发现，只有这个问题才有真正的实际意义，可能性的问题则只有理论的意义（我们在前面分析的各种可能的情况，便是属于一种理论探讨）。

实事求是地考察，我们必须承认，在我们今天的社会中，雷锋还仅仅是一种"模范类型"，而多数人，一般公众的道德观念和行为准则还远远不能用雷锋那种"一心为公"、不计报酬、助人为乐的类型来加以概括。这不是说多数人完全没有"公心"，而是说"公心"在人们的"偏好"中还只占很小的位置。偶然做点好事是可能的，但想让他们长期不计报酬地为人民服务，是不现实的。这就是说：虽然不否认人们"能够"为公，但你得承认至少在目前多数人主要是为私的。我想真正有意义的问题仅在于此。至于"人之初、性本善"还是"性本恶"的"本源"问题，以及最终人们能不能都百分之百地为公的"终极"问题，当然不是说完全没有意义、不必讨论，但实在不必浪费太多的时间和精力现在就来把它说清楚，更不能用这种"本源"与"终极"的问题来取代或"偷换"现实是什么这样的问题。

我们之所以说搞清楚"现在多数人的价值观念、偏好体系是什么样"这个问题是最重要、最有意义的，正是因为这个问题关系到我们现在如何处理人际关系、如何发展经济社会制度与如何制定经济政策与社会政策。比如，你要是承认了现实，你就不会把"雷锋行为"当成"制度设计"（比如说收入分配制度的设计）和制定政策的前提，不能把经济政策建立在比如说"义务劳动"的基础之上，而必须建立在"不给钱人们不会努力干活"的前提假定之上。认清了现实，我们也就不会再去空谈什么在目前条件下人们都能"同志式地相互协作"，而遇到人们不是相互协作，相反却总在那里相互扯皮的事变得不知所措。实事求是的一个重要涵义就是少说废话、没用的话、没味的话，就是要把大量的废话从我们让人觉得在讲外星人故事的教科书中清理出去。实事求是地承认当前现实社会的一般情况是利己心重于利他心，并在此前提下构造我们的社会经济体制，才能真正有效地促进社会的发展和人们道德水平的提高。

我们以上只是围绕"公与私"的关系，分析了不图回报的利他主义行为方式。在个人与社会、与公众的关系上，还有一种"正的相关关系"同样需要重视，而且恐怕更值得我们每个人加以重视，那就是"图回报的"正相关关系——一个人可以通过满足他人的需求、为公共服务、促进公益事业而获得商业利润、社会地位、政治权力，以及因表现出自己能力、实现了自己的价值而取得的社会尊敬。严格地说，这种个人与社会的关系，也属于一种交换关系，因此是与市场经济相适应的，可以说本身是市场经济赖以存在的一个客观基础。这种关系的重要性，实际上也可由我们在前面所分析的事实加以论证：既然在现实中我们多数人主要还是"利己"的而不是"利他"的，那么如何以一种制度来保证人们只有为他人、为社会提供了一份服务的情况下才能获得一笔利润、一种地位、一份尊敬，自然就是社会需要解决的首要问题。并且，从现实出发，我想最重要的问题不在于怎样通过道德教育扩大人们的利他之心，而在于如何使人们无论是利己心还是利他心，都能够起到有利于社会发展的积极作用。最糟糕的制度导致人们一方面靠道貌岸然地说假话行骗于世，另一方面只有靠损人才能利己、损公才能肥私、滥用公权才能谋取私利。而一个好的体制，则至少要同时做到以下两点，第一，只有为社会提供了某种服务、满足了社会上的某种需求，才能使自己的私利得到满足，才能得到别人提供的服务，从而使每个人利己的动机都能在客观上起到利他的效果，为私的行为能达到增进公益的目的。从经济学的角度看，这也就是要使每个人的每一项活动，都是"生产性的"，都有利于使整个社会总的福利增大，而不是只想着怎么从别人的兜里往外掏钱，成天致力于怎么分割或重新分割一个（长不大的）蛋糕。第二，使社会上每个人所拥有的那些利他之心，无论多少，都能最大限度并最有效地发挥作用。比如建立起为社会公益或慈善事业捐款的制度、志愿服务制度等，使一切利他主义动机都能有机会、有渠道发挥出来并受到适当的鼓励。这样，人们偏好体系中的无论利己和利他的动机，便都能发挥出积极的作用，促进经济的发展与社会的进步，同时，也自然会促进整个社会道德水平的提高。

承认现实不仅不否定道德教育的意义，相反正有利于论证道德教育的必要性。要是人人都是雷锋，还有什么教育的必要呢？事实上，只有承认现实，才可能更好、更有效地进行道德教育。因为通过对人的偏好的深入研究我们可以发现，人性中那美好、善良的爱心，只能平等地用同样美好的爱心去加以打动、加以启发，使之成为人们自己的偏好体系的一个有机组成部分，成为一种自愿的行为。还有一点要做到的是，不能由那种自己心地十分肮脏的人来讲道德，让那些以权谋私、心胸狭隘、专以损人为乐事的人来"教导"别人大公无私、助人为乐。人们一旦发现了这种人的真面目，就会觉得自己受了欺骗，反而会对真正好的东西也产生强烈的逆反心理。

欺骗与道德

"利他主义"的对立面其实还不是利己主义，而是"损人利己"，即把自己的幸福建立在别人的痛苦之上，别人的幸福与这些人的幸福"负相关"的情况。经济学最初只是假定人们是利己的，后来一方面有人论证出利己者也可以利他，另一方面有人则论证人们会"更坏"，不仅利己，而且一有机会还要坑蒙拐骗、损人利己，称为经济学意义上的"机会主义"。这应该说也是一种客观存在。天下"君子"再多都不成问题，有一个"小人"就能搅混一锅汤。所以，真正的问题还是在于怎么来防范"小人"。

我们现在所处的这个年月，骗子似乎越来越多了。搭个野班子，刻上几个"筹备中心"的图章，上上下下全国各地能卷走几十万；把头梳得溜光，一副金丝眼镜，一只密码提包，操上几句"广普话"，做港商状，便能弄到上百万的订单货款，然后逃之夭夭。小"托"小骗拖欠赖账之类已多到报刊都不愿再作报道的地步；假冒伪劣之多，以至于要成立"打假办公室"，还要来个"质量万里行"；甚至连政府机构内部都是"村骗乡、乡骗县、一直骗到国务院"。无怪乎那么多人惊呼世风日下，有的甚至责怪搞市场经济搞得人们道德沦丧。

其实如果我们承认人非圣贤，承认总会有些人要利用各种可能的机会和制度上的漏洞，用各种可能的办法为自己谋取一份利益，就应该承认在体制改革的过程中，"骗子"多了一些是十分自然、十分正常以至于是十分可喜的现象。如果说"乱世出豪杰"的话，那我们可以说"改革出骗子"。原因并不复杂：改革是一种破旧立新的过程，旧的一套体制、规章以至于与之相适应的道德规范、行为准则正在解体、失去效力，而新的市场经济的规则与规范还没有完全形成，还不完善，人们还不知道怎样在新的体制下保护自己的利益、谨防坑蒙拐骗，经济生活当中就难免出现一些"制度真空"，可供"小人"们钻的空子也就会多起来。骗子多了，说明我们的改革正在深入进行，遍地铺开。骗子的个数衡量着改革的深度与广度。

信用、信誉、诚实、"保质保量"这些东西，不能仅当做一种"美德"来看，也得当做一种制度的"产品"来看待。经济学可以完全不承认、不依赖什么"为消费者负责"、"为他人着想"的美德，而只承认斤斤计较的利害得失。我们可以不去管古代的诚实与信用是怎么形成的，在现代商品经济中，信用不是因为其美好才被人们信奉，而只是因为它有用、有利，才被人们遵守。其基本逻辑无非是：你想骗我，我也想骗你；你想骗我时我便想方设法防你的骗，我想骗你时便要琢磨着如何让防骗的你防不着我的骗；魔高一尺，道高一丈，兵来将挡，水来土掩，骗到最后大家一方面被骗得越来越聪明，另一方面也骗得累了，才发现其实谁都不是傻子，天生被骗而不会骗人；大家费了那么多心思你骗我我骗你还不如谁都不骗更省事、更合算、更经济一些（节省"交易成本"），于是大家偃旗息鼓，制定下一些共同防骗的规章制度以利于好好合作，人也显得诚实、讲信用、讲道德了起来。

事物发展的这一逻辑，一方面表明在新型的商业道德确立之前，总难免有一个骗子泛滥的过程，另一方面也说明，有利于大家诚实合作的制度，往往正是在大家你骗我、我骗你的过程中逐步形成的。有骗人的，就有人要防骗，那防骗的过程，其实正是制度的形成过程。比如"合同"或"契约"就是为了防骗而产生的。最初大家可能都是君子口头协议，后来有人事后不认账，才发现得有"合同"这样一种事前用文字写下的制度。怎么订合同，也是骗出来的学问，一笔买卖里可供钻的空子会有很多，一开始谁都不可能想得很全面，受了骗，吃一堑长一智，下次再订合同就会完善一些，于是乎合同的文本也就越来越长，条款越来越多，越来越细。光有合同还不行，还得保证执行，不执行合同的人要是不受惩罚，合同不过是一纸空文，于是先是有了私人间的"械斗"或"私设公堂"，然后有了"要债公司"（黑帮团伙有时也起这种作用），后来发现还是大家交点税，搞些社会的、公共的机构比较便宜，也容易较为公正，于是"攒"出了政府、法庭、警察之类的玩意儿，私人合同中的一些条款，也变成了大家共有的法律中的一些内容，免得每次都要重写一遍。仔细分析一下就不难发现，大大小小的制度很大程度上都是为了防骗而建立的。

我们的传统体制，是靠垂直的管理与监督来维持的，与之相适应的，大家都形成了对上负责、对上级诚实就是对人民诚实的道德准则。体制改革，引入市场机制后，经济主体多了，横向的经济往来多了，怎么向"别人"诚实的问题便突出了起来。旧的规则和旧的道德已不再适用，新的还有待建立，于是出现了骗子增多、"三角债"难清，"欠账的是爷爷，要账的是孙子"之类的事情。所以问题不在于"道德沦丧"，而在于如何在新条件下重建"防骗体系"。在这当中最重要的问题是政府经济职能的转变，其首要职能要由原来的"发号施令"，转变为"保护产权"，法律的设置和执法机构的加强，也要与此相适应。市场经济搞起来了，政府的职能与之不相适应，出现"政府缺位"，其他一些东西就会来"补位"，像"要债公司"、"家族势力"、"黑帮团伙"之类也会趁火打劫。"保护产权"一事不由政府当做"公共物品"来加以提供，就会有人来当做"私人物品"来加以提供，同时就难免产生出许多副产品。我们已经有了政府机器，最好还是靠转变职能过渡到新体制，而不要再走一个漫长的重组过程。与此同时，各种民间的"防骗工事"，也需逐步建立、完善起来，像法律顾问、法律事务所、商业合同、"消费者协会"之类的机制，也起着防骗的重要作用。在我们的改革过程中，随着骗子的增多，政府职能的转变和民间机构的建设也在进行。我之所以对骗子增多这件事持乐观态度，根本上还是因为相信防骗的新规则、新体制以及新型的商业道德，必将在大小骗局之中诞生。虽然有国外一些现成的规则可供参考借鉴，但有中国特色的骗子总得我们自己对付，所以新体制有赖于我们自己在与各色骗子的周旋中逐步形成、掌握和应用。我们谁都不是先知先觉，不受骗还不知防骗之重要，不受骗也就难以学会防骗，所以在一开始不可能把规则都搞得很完善、很精细，总要有一个过程。骗子一多，大家都引起重视，新规则才能普遍地形成；骗术越高明，规则才会定得越严密。你仔细观察一下，现在的骗子们其实骗术还很简单、原始，得手还太容易（体制的漏洞还太大、人们还太"傻"），所以从体制改革的全过程来说，我们还和骗子们一样，都只是处在"初级阶段"。

作为一个人，我相信人与人之间存在着许多美好的东西，有真切的爱心、善良的愿望、温暖的友情、诚实的信誉、"利他主义"，好人是多的，人间是暖的。但作为经济学家，我宁可把人先假定为是"恶的"、"丑的"，无时无刻不想骗人的。我想这可能反倒有利于经济制度的完善，经济问题的解决。天下的事不怕多往坏处想，只怕只往好处想，一相情愿地上当受骗。这种思维方式不是没有坏处，因为为防小人所设的制度，有时会约束到了君子头上，浪费了君子的时间，比如签合同之类的事就是如此。但这也是没办法的办法，是为了保障君子的利益。没有有效的制度防小人，小人就会泛滥起来，直到最后不再有人去当君子。道德的沦丧，根本的原因不在于"教育"不够，而在于制度不灵。也正因如此，我宁可相信制度，而不相信"人性中的美德"。

第七章

能力与性格

在前面我们已谈了大量"偏好"、兴趣之类的东西。这些东西在选择中所起的作用主要在于，它们表明你"喜欢"什么，"想要"什么。现在我想应该赶紧回到"能得到什么"、"能做什么"这样的话题上来。人想要的东西太多了，人的需要是无止境的。如果需要有了止境，人类社会可能不会再有进步，一切现有的知识可能也不再有用。经济学公开声称，它的一切定律，都只适用于人们的需要未被彻底满足（"餍足"）的场合，或存在"稀缺性"的场合。所谓稀缺性，指的就是我们人的能力、知识、技术以及我们所占有、可支配、可利用的一切物质资源，都不足以生产出足够的东西来满足我们日益增长的各种需要。人们能满足的，只是"需求"，也就是人们的能力所能达到的需要，在市场上，这就表现为我们的"购买力"或"支付能力"，而不是指我们那无穷的欲壑。

天赋的差异

我们首先得承认，尽管人与人之间从能力的角度看先天的差别其实很小，但毕竟还是有差别的。有的人就是天生的"五音不全"，唱歌走调，根本别想当歌唱家。患恐高症的人，一定不可能成为高敏、谭良德。我天生的是一种"过敏性体质"，小时从1岁开始经常犯过敏性哮喘，直到十一二岁经多方医治才得到控制，在比较干燥环境中不再犯病，但已先天地决定了我体质上的缺陷，小学时体育课总归上不好，体力劳动总比别人费劲，篮球玩半场也会累得喘不上气来，踢足球只能当守门员，即使锻炼身体，也只能选些对体力要求不高的项目玩玩，尽量保持不生病而已。这种人与人之间的先天性差异，我想是我们在生活中经常遇到的。就这种人与人之间的差异而论，老天对我们大家显得相当地不公平。这点最突出地表现在一些特殊职业上，比如娱乐圈、体育界的种种行当，没点特殊的天赋，当不成大明星。在西方国家，经常可以看到报纸上有人惊呼那些歌星、影星、球星的收入高达天文数字，令人怀疑是不是制度上出了什么毛病（这种抱怨在我们国家中也越来越多）。但我想这是件没有办法的事。物以稀为贵，老天只给了那么极少数人一些特殊的天赋，使这些人能为公众提供一些其他人提供不了的特殊享受，有那么多的人愿意看、那么多的人愿意买，那些特殊天赋的"市场价格"自然也就高，谁也没有办法。反过来说，只有这些特殊职业的收入高上去了，形成了强大的吸引力，才会有更多的人想在这方面一试身手，挤到这一行当中来试试自己有没有特殊的能力，于是才不至于由于激励不足而埋没了人才、埋没了天赋，浪费了老天赐予的一份难得的财富。让这些天赋得以表现出来，是"有效率"的，他们的收入高一点，从社会的角度说没有浪费掉什么，相反，天才来到了人间，又无声无息地去了，没有发挥作用，才是最大的浪费。

不过从另一方面看，老天也不是那么特别的不公平。这首先表现在他只给极少数的个别人一些特殊的天赋，而把我们多数人都一起放在"芸芸众生"的范畴里面，使我们总能在与大多数人打交道时，有一种"并列"的平等感——在场上打球当冠军的、在台上唱歌拿大奖的，总是少数；看台上、剧场里的观众则永远都是大多数、绝大多数、"95%以上"。当一台戏几十个演员而底下观众只有十几个的时候，台上台下也就平等了，台上的人（包括幕后当编剧、导演的在内）也绝成不了明星（因别的戏已成为明星的除外），台下的人甚至会生出一种优越感，庆幸自己没去当演员受那份罪。台下的人相对越少，他们的优越感便越强，至少会觉得与台上的人彼此之间只是分工不同，而没有天赋上的差异。正因如此，当我们讨论有关能力问题的时候，我们可以不必去考虑那些少数的天才，也只有这样，才能获得适用于我们多数人的"一般规律"。

天赋公平的第二个表现，就在于上帝对于我们大多数人来说，不是处处青睐，但也总会在某一方面给我们一点特殊的能力，这方面不行，另一方面却可能很行，或比较行。从天赋条件上说（后天能否得以发展是另一个问题），天下什么都干不了的人总是极少数，多数人只要各方面条件具备，自己又努力，总能发展起一技之长。这方面的例子我不想多举，只需注意到这样一个事实：许多没有发展起一技之长的人，经常会有这样的想法，假如当时我所处的环境、条件不是那样（那样糟糕，比如没机会上学、专业及就业选择受到社会的限制等），或者假如我当时抓住了那个机会，或者假如我当时努力一点，我现在就"也能"怎么怎么样了。这就是说，从先天条件看，人其实大致平等的。我们往往不能选择不受我们控制的许多外部因素，但问题在于如何在一定的条件下，客观地分析自己的所长与所短，不失时机地发挥和发展起我们的特殊能力。

天赋的公平不止于此，还在于：天下多数的职业、专业，其实都是只要有一般的天赋条件、一般的能力水平，加上自己后天的一份努力，就能够胜任的，不一定干得很好，也能"混"个一般水平，端一碗说得过去的饭吃。在同一些社会条件、同一些外在因素的范围之内，一个人其实总会面对许多选择，可干、能干的事情会不止一件，而且你可能对它们都同等程度地感兴趣（或同等程度地不感兴趣）。完全不能做的事，完全超出我们能力范围的事，我们也不会去想它，操不着那份心。真正的难题在于如何在几件同时能做也想做的事情中，根据自己的特点，选择最适合自己能力的事情去做，以取得最大的成果。或者，假如你生活目标不高的话，费最小的劲取得同等的成果。这个问题之所以对我们个人来说是真正的难题，就是因为这是真正留给我们的难题，解决不好，既不能怨老天对你不公，也不能说社会对你不厚，没有任何借口可以躲避，后悔药只能自己来吃。

在我个人的历史上，真正"严峻地"面对上面这一选择问题，是在上大学之前。那时我正在河北围场县文化馆搞群众文艺创作，写点单弦、大鼓书、数来宝、三句半之类的作品，外加在地方报刊上发表些散文、小说之类的东西。搞文学创作，在当时已是我好几年的向往，也付出了许多努力，应该说也有兴趣。到了文化馆工作，又成了国家的正式雇员，有了一个说得过去的工作条件，干得还是蛮有兴趣的。即使写曲艺段子，开始不觉得什么，后来深入进去，也觉得蛮有学问、蛮有趣味。平仄四声、曲牌曲式，十三大辙、两个小辙，也深藏着我们民族文化、语言文字的不少宝贝，真正研究起来也是一套学问。

第七章
能力与性格

写曲艺段子不仅要会写，也得会唱，才能把词句与曲牌合到一起，唱出来合辙押韵，像那么回事。经过一番学习、研究，应该说当时已初步上了路。作品，包括小说、散文正式发表的频率也正逐步上升。当时真正的问题在于"文化大革命"刚刚结束，到处还都是极"左"的那一套，文学艺术界还是一片死气沉沉，写什么都觉得是在做戏，在完成政治任务，无非是把一些政治口号按照一定的公式变成一定的形象喊出去。这样一种"文艺创作"，创造性想象力当然总是要的，甚至要求更高，因为是要把生活中根本不存在的东西编出来、唱出去，还要去"教导"人们按这种编出来的模式生活，从而有时让你觉得吃创作这碗饭也是一种受罪。

后来恢复了高考。这显然是改变生活境况的最好途径。我参加了 1977 年的第一届高考，并且按照当时不知道怎么形成的"搞文学不能上大学，上大学一定要学理论"的信条，我计划选择我当时的"业余"兴趣——经济学，作为报考目标，而不去报考文学专业。但考完试之后的两件事，却让我在如何报志愿的问题上犹豫起来。

第一件事是考试之后没几天（还没有复审、报志愿、录取），我去地区开会，在承德市的一家百货商店里，在买收音机的柜台旁，突然又听到了《洪湖赤卫队》的插曲，王玉珍演唱的"洪湖水浪打浪"、"娘呵，我死后……"。我不知道那年月里有多少人也曾为此而激动，我却的的确确百感交集，激动得不能自已，面对无人处泪水如泉涌，久久不能平静。那是我小时听熟了、唱熟了的歌曲，十几年没有听到，如今在身边重又响起，勾起了对美好童年的无限回忆，仅此一点就足以使人忘情了。更何况这些歌曲的重新播唱，背后饱含着这许多年里的多少辛酸苦楚，个人的、家庭的、社会的，以及我当时从事的那项文化工作的。这不仅是一支歌或一出剧的复出，而是一些被长期践踏了的人间美好情趣的回归，更何况歌曲本身就是那样的委婉动听，与当时流行着的那些战斗歌曲形成鲜明的对比。我知道这社会真的开始变了，从今以后的文化工作将会与过去不同了。

从地区回到县城后没几天，又一件事使我兴奋不已：我读到了新发表在《人民文学》上刘心武的小说《班主任》。时至今日我已有很长时期不关心文学界的事了，不知道今天人们怎样评价那篇小说（只记得它在 80 年代得过某种第一次设立的文学大奖的头等奖）。那篇东西要是写在今天可能没有人会登，但在当时，说它开辟了一个新的时代，应该是不过分的。我读过后激动得整整一夜没有入睡。关于现实主义文艺理论我读得多了，"文化大革命" 期间也没有停止过讲 "革命的现实主义"。我也读过许多现实主义的作品，但从我学习写作那天起，就没有写过真正的现实主义的东西，以至于都不知道该怎么在那时

的现实条件下用现实主义的方法写作。《班主任》的发表告诉
我，现实主义终于要回到现实中来了。整整一个晚上，在文化
馆后院的那间小屋里，我呆坐火炉前，听着窗外的风声，想着
我要写什么、可以写什么。我知道从现在开始，终于可以写我
熟悉的生活了，写出我自己对生活的感受、对人生的理解、对
社会的批判，可以写现实中三教九流活生生的人了，写他们的
喜怒哀乐，写他们的善良与丑恶，写他们的聪明与愚昧。可以
用自己的话来写，用真话来写，写能够使我自己感动的东西。
一个个过去的生活场景，一个个成形不成形的构思，伴着炉中
的火苗在眼前掠过，而与之交织的，便是我今后究竟何去何从，
是继续沿着"文学小路"往前走，还是真的"改行"去学经济
理论。

　　接下去的几天，我都一直在思考这个问题。与一起搞创作
的同事谈起，他们也劝我继续学文学、搞创作。当时报考专业
时选择了经济学，的确出于兴趣的考虑。对文学的兴趣，最初
一定程度上是出于"生计"的考虑，但从事的时间长了，对它
的兴趣自然也就逐步增大——兴趣已有点变成了"志向"，好像
已经对自己有了什么承诺，成了生活的一个固定的组成部分。
形势的变化，新机会的出现，对我更是一个很大的刺激。在另
一方面，对经济问题的关心也已有了两三年，在业余时间读书、
思考，兴趣也正浓，况且当时社会的注意力已开始转到搞"四

化建设"、发展经济上来，从长远看也是很吸引人的。所以说，单从兴趣上看，二者很难分出个高下。

一天晚上，我和在县文工团搞创作的堂哥以及文化馆创作组的同事、我们的好朋友老封一起吃饭、聊天、侃山（当时我们好像还没有用"侃山"这个词）。听着他俩在那儿绘声绘色地讲着县里的种种传闻和下乡听到的大小故事，我突然意识到了我和他们在这种聚会场合各自所"扮演"角色的差别：每次在这样的聚会上，他们总是比我能侃、会讲故事，而我则总是听得多、说得少。我也不是没有故事，我也听到了各种传闻，可事情从我嘴中说出，总是那么简短、干瘪、没血没肉。虽然我也能写出东西，但与他们相比，我至少是不会讲故事。我们曾多次一起下乡、一起采访、一起出差，每次的情况也都一样，同一件事，他们回来能有声有色、添油加醋地给人讲出一大通故事，而我只会讲个事情的经过，然后"概括"出里面的某一个道理。我堂哥则更是县里有名的讲故事专家，有一年回家探亲听回一个"绣花鞋"的故事，在县城里被各家请去讲了两个月，吃了几十顿饭（这就是那时的文化生活与"文化市场"），而且每次还都能讲出点新花样来，而我从来不会讲故事。我遇到什么事，确实不爱去记那些具体的场景、人物、语言、动作、表情等，而注意到的往往只是事情的性质和其中的某些道理。与此相反，到要分析"道理"的场合，我却能比别人更有话说

第七章
能力与性格

得多，更能摆出个一二三四，分析出一层两层。我想这是否说明我就是"形象思维"弱于"抽象思维"？我也不是不熟悉生活，不熟悉人物，有一次与文化馆一位同事一起到一个村里办事，全村人差不多都在场上一边说着话一边干着活。我俩曾作了一个"观察人物"的练习，看谁能在20分钟内仅凭观察和听大家聊天说出场上的人在村里的社会地位、生活状况、性格特点以及这些人之间的一些重要的相互关系，比如，谁是队长、妇女队长，谁是有影响的"大社员"，谁是德高望重的"族长"，谁是老好人，谁是鬼点子多的滑头，谁是"搞破鞋的"、谁又是"破鞋"，等等。当时我的判断比我那位在农村长大的同事还快些、准些，但事后再谈起此事时，我只能讲出当时的场景与话题，每个人主要都说了什么，而他却能有鼻子有眼地描绘出每个人的穿着打扮、表情神态，高的多高、瘦的多瘦等等，使人听来有滋有味，使那些性格的差异生动地再现出来。

于是我想到，这些年来，也许是由于当时所谓的文艺创作实在脱离生活，从概念出发的多，我在文学创作的过程中，从未感到笔下流畅过，总是先要在脑子里摆出一个道理、找出一个逻辑，然后再去按照逻辑重新安排情节。似乎从来没有能使人物形象自己活动起来，让故事自己发展下去。即使我开始设想写现实中我真正熟悉的东西，也总是首先想到要阐述一个什么样的道理，而不是首先着眼于人物的性格和命运，着眼于情节的发展。这也许部分地是由于当时"中毒太深",还一时无法脱离"文革"中形成的那一套模式、公式,但也许这正是我缺乏形象思维能力,或抽象思维能力大于形象思维能力的一种表现。其实,很早我就已经感觉到当我进行"理论分析"、讲道理、推理、论证的时候,似乎总是更容易投入、更容易下笔,笔下也更流畅、更清楚;喜欢辩论或"诡辩",写文章有辩论对象就来劲儿,不喜欢叙述、描写,于是写"文艺作品"似乎总是更难一些,总有"绞尽脑汁"的感觉。

正是本着这样一种对自己的"剖析",我最终下决心放弃了文学,报考了经济学专业,三个志愿都填了"政治经济学"。我现在也不能完全肯定当时对自己的判断是否正确,因为一切都已不可逆转、重新来一遍试试了,今天再让我搞文学创作当然就更不行,即使我有形象思维的能力,长期不用也会萎缩。但我对当年的这一选择至今并不后悔,因为我想至少没有选择了我的"弱项":我的形象思维能力,再强也不会比逻辑思想能力更强,至少这一点是能够肯定的。

生活的积累

对于大部分人来说,所谓"能力"主要还是后天经过学习

第七章
能力与性格

实践培养起来的，而不是先天带来的。后天形成的能力，在内容上也要比天赋条件广泛得多。在经济学中，后天形成的东西，都可以称作"资本"，不是"物质资本"，就是"人力资本"。这些后天积累起来的"资本"在决定一个人的选择中所起的作用，往往比那些先天条件要重要得多。除了一些完全依靠天赋的特殊技能，天下其实很少有不能学会的"手艺"，很少有无法靠后天学习获得的能力。并且，在我们面临选择问题的每一时点上，我们所拥有的那些天赋条件，实际已经经过学习和实践之后被改造、加工，融入后天积累起来的"资本"当中了；年岁越大，生活经历越多，学习的时间越长，我们"被改造"的程度就越大，后天的积累就显得越重要。一个人可能先天脑子比较笨，但后来长期不动手只动脑，净干些看书写字的事，到头来手的功能虽不一定就发生退化，脑子却会显得比手灵了，再面临选择时就不能还说"动手"是他的强项。上大学学了专业，接受职业训练，长期从事某项工作，从中获得了知识，培养出了技能，积累了经验，也就有了一技之长，或有了"专家"的称号，有了"名气"等，这都成为后天积累下的"人力资本"。金钱、物质资本是可能因种种原因消失的（比如做买卖亏掉），知识、技能、经验、知名度等无形人力资本，一般是不会消失的。公司倒闭了，破产了，一切有形的资本财产都被债权人拿走，而公司经理、员工的知识、技能、经验却无法被拿走，也不可能用这些无形资产去抵债。相反，经过一次亏损、倒闭的挫折，有些人可能又增长了新的知识，获得了新的经验，有形资本减少了，无形资本倒可能增加了。

从更广的意义上说，一个人后天积累起来的东西，除了知识、技能、经验之外，还有许多其他无形的东西，比如"关系"。一个人出身高干，或者父辈在"地头"上很有人缘，他就可以直接继承一份"关系"。也有的人先天条件并不好，只身一人从农村走进大城市，或从外省大学毕业分配到京城，天时、地利、人和都没有，但凭着能交善际、苦心经营，能够上到国家领导机关，下到街道办事处，层层说得上话，处处有熟人，实行"官本位"时便可去当官，搞市场经济便又可立即经商下海。他的那个"关系网"，就是他的资本。有的人炒老板的鱿鱼，辞职办公司，一没带走钱，二没带走权，但带走了一大片关系，回身就能与原来的公司竞争，那一片关系就是他的一份资本。除了关系，还有信誉、信用、受大家信任、被认为可靠，等等，都可算一个人的"无形资本"。在市场经济中一个好的"信用"，往往比钱还重要，因为有了信用就能借到钱，信誉一毁，比丢了一大笔钱还糟糕。在美国一个企业还不上债宣布破产，按法律规定可以免除部分债务，由政府基金给银行一定补贴，看上去挺合算，但从此后破产者因不再有信誉而好几年内再不得在任何银行贷款，等于宣告他商业生涯的终结。我们的

第七章
能力与性格

一些企业欠的债再多、一挂多少年不还，也不会破产，还能继续借下去，是因为这些企业是国有企业，背后有国家，而对于国内居民来说，"国家"的信誉是永存的（只要国家还在）。我国南方沿海地区有一位医生，就凭着诚实的品德，在家乡四邻享有很高的信誉，大家都放心地把钱交给他，由他代为经营管理，结果办起了一个规模相当可观的民间钱庄。这些都是"信用"这种无形资本的作用。

当然，在所有的"无形资本"中，最重要的还是知识。"知识就是力量"，"知识是最宝贵的财富"，这些话已经被人说过多少遍了。在科技高度发达的今天和今后，知识的重要性就更加显著。一个人有了一门专业知识，就有了安身立命的"本钱"，别人偷不走、夺不去。而知识，特别是一些前人几千年积累下来的理论知识，一些单凭经验学不到的专业知识，有一个特点，就是需要在青年时代花费相当长的时间来消化、掌握，成为自己的财富。人类科学进步的程度越高，知识积累得越多，就越是如此。而这就是说，我们在年轻的时候，有条件就应该抓紧最有利于学习的宝贵时光，多学一些理论知识、书本知识。工作实践、经验的积累，以后还可以获得，但错过了读书的好时光，再想读书，即使条件允许（比如没有养家糊口的生活压力），也要费更多的时间、花更大的气力，是很不合算的。青年时期书读得多些，打好了基础，不仅以后再学习新知识较容易入门，而且也会给你更大的选择空间，使你能干更多的事情。我曾和一个美国朋友谈起经商的问题。他大学毕业后到商界工作过两年，然后又回到学校读研究生，学生物化学。我说现在中国许多青年人都早早地下海经商，大学生也纷纷找公司做事，不再专心读书。他说了一句很精辟的话，我至今记忆犹新："我听说过很多博士，后来当了大企业家，但从未听说哪个没有学位的企业家后来又学成了博士。"博士并不一定能经商成功，也并不一定去经商，但有了知识你不仅能当教授，还能去经商，生活中也就有了更多可供选择的道路，有了更多的成功机会，供你挑选，使你游刃有余。而如果你没有知识，早早地去经商，不说你成功的机会有多大，至少你没有退路可走，不可能再选择需要更多知识的职业。从这个意义上说，年轻时多读点书，打下一个坚实的基础，是"合算的"。我们国家现在是有很多不合理的现象，搞导弹的不如卖鸡蛋的收入高。即使这种体制长期得不到改善，我们也该想到这样一个问题：如果早早地辍学去卖鸡蛋，你可能一辈子卖鸡蛋，永远不会再有去搞导弹的机会；你若学会了搞导弹，混得不好，大不了还可以回过头来卖鸡蛋。哪个更"合算"？何况这种导弹和鸡蛋错位的状况早晚会有所改变。你要是真的相信市场的效力，那就请你相信，市场经济一定会给每种商品一个正确的价格，不会亏待了"真货"。

我可以理解并赞赏许多青年人现在不想以做学问、当教授、

第七章
能力与性格

当研究员为职业目标，而计划将来干些更实际、更能直接为社会创造价值，也为自己带来财富的事业，但我实在不能理解许多学生现在怎么就不愿读书。你所浪费的时间不是别人的，而书读下去是你自己的！人不是在为别人读书！它们将来是你自己的"资本"，并且一定是有用的。即使有些知识不能直接用到某一特殊的"生意"上去，但从学知识的过程中你所获得的那一套思维方式的训练，那种掌握新知识的方法和分析问题的能力，也会使你终身受用。我们这一代人，在最应该读书的年龄段上没能获得读书的机会，后来赶上了"末班车"，上了大学，一心想把自己失去的时间补回来，所以77级、78级两届大学生被公认为是读书风气最浓的。也正因如此，我们特别不能理解，为什么现在有人眼看着自己的大好时光随意流逝。有人也许会说那是老皇历，今非昔比，时代不同了，不读书也一样能干得很好。时代的确不同了，但这种不同恰恰是时代对知识的要求更高了，真正的"新潮"应该是更多地读书。我们那时提高生活水平更容易一些，因为我们遇到的竞争并不激烈，各种机会都比较多，市场刚刚打开，"空位"还未占满；而将来的社会，一定是竞争更加激烈的社会，是真刀真枪的社会，投机取巧、靠拍马屁升官、靠走走后门发财的机会只会更少而不是更多，对知识、对真才实学的要求只会更高而不是更低，没有知识也能凭天赋、凭关系、凭运气、凭经验当官发财的可能性不是越大而是越小。而现在的一些青年人反倒不去读书！

有人说现在要趁着市场还未充分发展，赶紧抢占"山头"，占据一席之地。这当然不无道理，但是市场的规律是你即使占领了地盘，若没有不断创新的实力、拿不出高精新的产品，仍然会被后来者淘汰——市场是最不讲论资排辈而只认实力的。你自己实力不强，很容易让竞争对手后来居上，结果难免一辈子小打小闹，发也发不大。而若在年轻时多读点书，在别人开始"折腾"的时候先沉住气，打好基础，加强实力，后发制人，到后来可以赶超过去。这样做，其实经济实惠得多。

有人说书本知识重要，实践经验也重要。一个人什么时候都能去实践，但并不是什么时候都适合读书。作为一个"过来人"，据我的观察和体会而论，虽然人生苦短是一般的道理，但从学习与做事的相互关系而论，人的一生其实是挺长的，先花 4 年（大学）、7 年（读到硕士），认真读够了书，仍有大量的时间可去实践。二十五六岁开始干事业一点不算晚，仍可三十而立业，而且底子扎实、可进可退、游刃有余、轰轰烈烈。做官如此，经商如此，当教授亦是如此。我 25 岁才赶上上大学，读到 35 岁，此生此世最大的遗憾恐怕还是书没有读够。现在二十来岁的青年人，大把的时间在手，又怕什么呢？

复杂的性格

"能力"的概念，我想也包括通常所说的"性格"中的许多东西。"性格"其实指两方面的内容，一方面是兴趣、爱好之类，这我们在前面已经分析过了，另一方面就是所谓的"脾气"、"个性"等。我想这些也应划入"能力"的范畴，因为它们同样关系到一个人能干什么、不能干什么、擅长干什么、不擅长干什么。比如说一个性情随和、开朗、健谈、容易赢得人们喜爱的人，搞"公关"一定得心应手。因此，他那种特别惹人喜爱的性格，应该说也就是一个人善做公关的能力；相反，脾气古怪、孤僻、不合群，或者腼腆、害羞、见人脸就红，只好去做些少与人打交道的工作。学术界"怪人多"，除了有"天才"不按常规办事的原因外，我想更大的一个原因是试验室和书斋可以成为"古怪脾气"的避风港，于是有这种脾气的人便都来避风，少与人打交道，多与书本、仪器打交道。性格过于固执、不灵活、"死要面子"、好钻牛角尖的人，恐怕不适于做政治家。因为在政治的艺术中，善于妥协是一大要素，要能伸能屈，相机行事，见风使舵，寓原则性于灵活性之中，甚至要受得胯下之辱。

"性格"问题的复杂性，我想首先在于你无法绝对地说一种性格是"好"还是"坏"。不仅不同的人对一种性格会有不同的看法，而且在不同的场合，一种性格也会有不同的效果。比如有人说某人"灵活"，挺好，而另一个人则会说他"圆滑"，不好；有人不喜欢"腼腆"、"害羞"，可有人则将其视为"老实"、"憨厚"；"固执"是贬义，但反过来就可以是"坚持原则"；有的人"直率"，却会被指责为"不分场合"、"炮筒子"；有的人整天"弯弯绕"，却会被称赞为"含蓄"、"懂礼貌"。在这么一个见仁见智的问题上，我看实在没有别的办法，只能"走自己的路，让别人说去吧"。自自然然地做人，做你自己。一个人保持一些自己的个性，不仅对自己有利，使自己不显得那么做作，也可使这世界保持多样性的生气。天下是由无数个人组成的，每个人都有一份自己的个性，这个世界才显得丰富多彩，才不那么乏味。所谓理解人、尊重人，说到底就是理解一个人的个性、尊重一个人的个性。你可以不喜欢一种性格，但不能因为别人性格与你不同，而产生敌意，不能合作。试图抹杀个性，让大家都按一个模子活着，我想是天下除杀人之外最残忍的事。因为你虽然没有杀人，但杀了人的个性，就相当于消灭了一个"特殊的存在"，离杀人已不远了。我们历史上许多扼杀个性的事已不必去想它了。即使现在，有意无意扼杀个性的事仍然存在。有人总想用自己的性格（或自己认为理想的

第七章
能力与性格

性格）去改造他人，若他人不服从这种改造，便会遭到打击、嘲笑、排挤。老师、家长恐怕最容易有这样的倾向，愿望当然是好的，总希望把小孩的性格培养得更"好"，但弄来弄去就很容易把人都弄成像一个模子里刻出来的似的，把这世界弄得毫无色彩。

我们的社会上，说一个人"成熟了"、"老练了"、"懂事了"，往往就是说这人已经把自己特有的棱角磨去了，"成熟"到与我们大家一样了。如果时过多年，一个人总不改其初衷，人们就会说这人"个性太强"，意思就是强到磨不去棱角的程度。如果说抹杀个性近乎于杀人，这种共同来磨掉人们棱角的习惯，则无异于集体杀人。经济学的一大优点就是在承认个性（无论是个人的偏好，还是个人的能力、性格脾气）的基础上来研究这世界，告诉人们应该如何在承认不同个性的基础上来构造经济体制，同时告诉人们如何根据自己的个性来进行选择；要改变的只是那些无法使我们的个性相互兼容的体制，而不企图改变任何人。如果说这就是所谓的"个人主义"理论，那我说我们恰恰需要这种"个人主义"。从这个角度看，经济学是十分"宽容"的，它容忍不同的个性与偏好，并试图使不同的东西得以和平共处、相互合作。

经济学尊重人的个性、不打算改变人的个性，但它却提醒人们注意：性格中作为能力的那些东西，在事实上是可能与人们所从事的职业相冲突的，不适合那一职业的要求。比如我们前面就指出了，性情孤僻的人恐怕不适合搞公关，太固执了不适合搞政治。这时就发生了兴趣、职业与个性的冲突。

一种个性对某一专业来说是个"缺陷"，是不利因素，对另一个专业却是有利因素。比如性格孤僻、固执、好钻牛角尖，可能不适合搞公关、经商、从政，但可能恰恰适合去做学问，因为做学问往往就是需要能坐得住冷板凳、能忍受寂寞、能够独立思考、不人云亦云，又有一种钻牛角尖的精神。反过来，合群、爱热闹、善交际、随和灵活等，对于其他行业是有利的因素，却可能恰恰不利于做学问。学术界最糟糕的行政领导，就是那些总用政治家风范去要求学者的人，结果总是弄得大家别别扭扭，谁都不痛快。这样的领导没有想到，要是大家都有政治家风范，谁来做那个沉闷乏味的学问呢？

个人兴趣与个人性情相一致当然是最好不过，但在个人兴趣与个人性情发生冲突的场合（我想多数情况），究竟是为了服从兴趣爱好、为了从事好某一专业而改变一下性情更好、更和谐，还是让职业选择服从个性更好、更和谐，我说不清。有的时候，你要是一定想从事某一种职业，恐怕就得改变一下你的性格，以适应职业的需要。请注意，这里不是说要你改得适合别人的口味，抹杀个性，而是说当你所从事的职业适合你的偏好、兴趣、爱好，但可能与你的性格相冲突，这时，你恐怕就

第七章
能力与性格

要使性格作一些相应的改变。或者，你要是坚持个性的话，就只好选择适合你的个性的职业，而要牺牲一些"爱好"。这恐怕也没有一个固定的、通用的模式，只能由每个人自己决定，并尽量向两个东西相一致的领域里靠靠，两方面都作些小的调整，也许是一种较容易的折中办法，做起来也不那么痛苦——兴趣牺牲不多，个性也扭曲不大，活着不至于太不自然。其实，仔细观察，我们大多数人在选择职业时，有意无意地都会兼顾到兴趣、能力、性情几个方面。太偏激、只顾一头者总是少数，因此在现实中总能观察到许多人一方面对自己的职业不完全满意，另一方面又在一定程度上努力修正着自己的性格"缺陷"，以适应工作的需要，把人做得更"完美"。同时我们也应该注意到，性格的矛盾对于多数人来说问题不是很大，原因在于多数人经过儿时老师、家长的"管教"以及成长过程中在人群中的相互学习，其"个性"已不是那么强了，都不会十分偏激，都会融入社会"大流"中去（正因如此，个别性格比较独特的人会被称为"各色"），有那么点"八面玲珑"的本事，具有较大的可塑性，能够适应绝大多数职业的需要。

就我自己来说，不知是因为选择了这样一份整天面对书本、面对稿纸的职业，才培养出了一种特定的性格，还是因为有了这样一种"性格缺陷"才自觉不自觉地选择了我所从事的颇为寂寞的职业。我确实不太怕孤独，而且似乎从骨子里有点喜欢

孤独，甚至是喜欢那么一种忧郁、伤感的孤独。应该说我并不
真的就不愿与人交往，完全不喜欢热热闹闹，还不真到"书呆
子"的地步。如果整天让我蹲在家里面对书本、稿纸我当然也
会觉得枯燥。但会议、聚会稍一多些，却又会产生强烈的"回
到书斋去"的愿望，避开喧嚣的人群。记得很小的时候，我就
喜欢上了家中常轮流挂挂的祖父的几幅画，那些画具有中国画
"大山大水小人物"的典型特点和那种"千山鸟飞绝，万径人踪
灭，孤舟蓑笠翁，独钓寒江雪"的意境。20 岁的时候，回家探
亲，与朋友一起游览十三陵中几个没有修复的"破陵"，拍了一
张照片，背后是断壁枯枝，前面是我的满面忧郁，我自己极为
喜欢，在背后题上了"枯藤老树昏鸦"，摆上床头。在黑龙江生
产建设兵团下乡的时候，每天最觉幸福的时刻，就是大宿舍里
大家都睡下后，我在大炕的一头，俯在一个箱子上，或趴在被
子垛上写点什么、看点什么，或者什么也不做，只是呆呆地一
个人想点什么。从下乡后第一次回家探亲起，我就喜欢上了
"独游"。除了比较自由，不必与游伴相互迁就外，独游可以有
一份独往独来的乐趣。在国内就曾大江南北独游过几次，后来
在美国，曾一个人开车从东部的波士顿到中部的明尼苏达，往
返 3000 多公里，并不觉得寂寞或枯燥，还颇觉有一个人浪迹天
涯的感觉。前年访美时，与两个朋友一起从西部到哈佛开会。
有一天的空余时间，我离开他们，借了辆自行车去旧地重游，

第七章
能力与性格

一个人细细地品味那怀旧的伤感。那天的天也作美，阴沉沉的，秋风萧瑟，在古城一片中世纪文化的氛围中，更增添了一份忧郁。至今仍觉得那天的独游是我整个旅行中最值得怀念的。在所有的流行歌曲中，我最喜欢的是美国的乡村音乐。这曾遭到朋友们的嘲笑，说那是中老年人的玩意儿，因为它的特点就是伤感、怀旧、忧郁，歌词净是诸如"爷爷，告诉我20年前的美好旧时光"，或者"当我们年轻时，在新英格兰的风雪夜"，或者"你可曾告诉她，她睡的是你给我做的床?"之类。最近读到一个报道，说有一项研究表明，乡村音乐会使人有自杀的倾向。更有人开玩笑说：要是把乡村音乐的唱片倒过来放，丈夫不再会出走，破败的村镇会重现，时光会倒流，连跑丢的狗都会再回来。其实，乡村音乐所表达的正是这种伤感的意境，所以像我这样内心有些伤感、孤独的人才会喜欢。但我倒以为喜欢孤独的人并不会自杀，因为他并不是怕被世人抛弃；能够经受住寂寞的人，其实是自怜自爱的人，并不需别人的关照。有了这一份自怜自爱，也就没有什么足以使其自杀了。

性情孤僻，也许有利于读书做学问，但我自己却深知这是一种"性格缺陷"，至少不能算做什么优点。它有一系列不良的后果。比如，喜欢孤独，不那么喜欢热闹，便往往疏远了朋友。许多好同学好朋友可长久不联系，有事打打电话，开会打打照面，没事几个月不相往来，好在大家都能谅解，并没有深加怪罪。自己喜欢独处，也以此度量他人，生怕自己的造访、拜会，打搅了别人的清净，浪费了别人的时间，给人家添了麻烦，结果对许多深受我尊敬的前辈、老师、同事，无论在国内还是在国外，也很少拜访、请教。有时自己甚至觉得有点"自我封闭"之倾向。喜欢孤独，对社会活动的热情自然不够，加上另一条"性格缺陷"——死要面子活受罪，能不求人少求人，对一切需要求人办的事，得靠别人帮助、别人批准、别人赞助的事，都会觉得"成本"高得不得了，总是望而生畏，能少办就少办；对别人组织的社会活动虽然尽量参加，因为以己之心度他人之腹，深知别人办事之难，但要自己去组织、推动点社会活动，总有很大的心理障碍。明知这是性格缺陷，但又迟迟不改，反正我现在一不经商、二不从政，还不是非改不可，有了这么一个自我解脱的借口，"性格校正"也就遥遥无期了。

不过能忍受孤独寂寞，至少不觉得过分痛苦，我想这是使我们这些"傻博"们迄今尚能继续端理论研究这个饭碗的一个原因。这年头已很热闹了，"外面的世界很精彩"，不甘寂寞的人都能有一去处，没有去的人便一定有种种的原因。"傻博"其实并不是真的那么傻，"书呆子"其实也并不那么呆，他们其实也像一切聪明人、机灵人、"活络"的人一样，都是根据自己特殊的偏好、能力、性格，选择了适合于自己的一种活法，追求自己的一种特殊乐趣，当然也会有各自一份特殊的苦处。我觉得人与人之间多一分理解，首先就是不要在不了解别人特有的乐趣与苦处之前，就对他的"活法"作什么判断。再令人羡慕的职业也有它的苦处，再不被人羡慕的职业也有它的乐趣，只不过对不同的人来说苦与乐有不同的定义罢了，不要轻易说别人怎么这么傻，选了那么个职业、那么个活法。令我们特别感到"不愤"的一件事是，许多人似乎对"傻博"一类的人有了一种固定的看法，总认为那就是一帮呆头呆脑、异想天开、不切实际、没有七情六欲、没有生活情趣的书生。其实在我们这个圈子里，"风流才子"也大有人在。大家选择了同样的行当，都在端同样的饭碗，所以自然有一些共同的喜怒哀乐，有我们自己所特有的"共同语言"，但也是各人有各人的情趣，各人有各人的毛病，并且也和社会上其他人一样，既食人间烟火，也知人世艰辛，也一样是抽烟喝酒、聚众侃山、打牌下棋、卡拉OK，追女人打孩子，听音乐看电影，武侠小说、警匪大战、吹拉弹唱、诗书琴画，各怀绝技。多数人的性格也和我们在所有机关单位厂矿学校里所见到的各色人等没有什么大的区别，也都各有那么点"个性"，也都需要别人的理解与尊重。

真诚与宽容

其实，就像某些"能力"是做好各种工作都需要的（比如好的智力与体力），许多种"性格"也是做好各种工作都需要的，其实是"过好生活"、处理好人际关系所需要的。在这里我特别想提到的是两样：一是"真诚"，二是"宽容"。这里所谓"真诚"不是说每时每事都要直筒子，想什么就说什么，不讲点"战略策略"，而是说不要靠"耍心眼"活着，不要靠招摇撞骗、算计别人活着，不要靠说假话取得一时的好处。看到那种好"耍心眼"的人，我总觉得他们活着很累，晚上睡觉一定总做噩梦，因为他们会总在担心假话被人揭穿，真不如坦坦荡荡地来，坦坦荡荡地去，得到的心安理得，得不到的也不作奢望；你对别人坦诚相待，不想着"坏别人"，多数人也不会忍心来"坏你"；你不去四处巴结、八方逢迎，花很多的时间去拉关系、讨人缘，别人也不会处处与你为难，相反也会好好待你，对你说真话，这其实是一种很省力、很"经济"的活法。"文革"毕竟已经过去了，虽然有时真话还不必全盘托出，但至少已可不必非得说假话、说违心的话才活得下去，所以也大可不必随风转来转去，弄得事后风向一转还得百般解释，苦不堪言。

所谓"宽容"，除了前面所说的要理解别人的个性、尊重别人的特点之外，还有一个极重要的方面就是要设身处地地为别人着想，在人世间一切利益冲突之中，尊重别人为自己利益一争的合理动机与合法权利。经济学里的一切竞争，说到底都是人与人之间利益的相互冲突。人际间关系难处，说到底是因为

第七章
能力与性格

相互之间利益的对立。官位就那么几个，你想争别人也想争；做买卖发财的机会难得，你想发别人也想发；职称评定时总会有"名额限制"，你想评别人也想评；观点的争论也是这样，真理只有一个，我们大家都在探索，各人会有不同的观点，于是便有争论，各说各的理，你的若是真理，别人的便是谬误，谁也不会轻易服气。大家都有同样的动机与同样权利，于是就有竞争，就有"排挤"，都是"你死我活"的事，于是会做出许多手脚，说出许多难听的话，甚至弄出小报告、匿名信，造出许多谣言。小事如此，大事也是如此，真正意义上的政治斗争与我们生活之中婆媳吵架婆婆妈妈之类的小摩擦，规模不同，基本性质上是一样的。面对这种利益的冲突，就很有必要有一些"宽容"。这时的宽容，不是说你就不必去争、不必去斗、不去坚持真理反对谬误，就应该拱手相让、做大好人、任人欺负、任人宰割，打了左脸送过右脸，而是说在你维护自己的权利、为自己的利益而斗争的时候，你也得想到别人也自然会为他自己的利益而斗争。谁都不会"自动退出历史舞台"，就像两个人下棋，我想将死你，你也想将死我，双方只是力量的较量，而没有什么"谁对谁错"；会有人下了臭棋，因此你可以说他笨、说他傻，但你不能说他为了自己的利益而努力赢棋、想方设法打败你就是错误、是不合情理、是"丧尽天良"。你应该想到的是，把你打败、把你"整下去"，正符合他的利益、他的目标；

你只应想办法去反击，想想怎么把他打败，而不该去抱怨别人怎么会与你作对。有了这样一种设身处地"替别人着想"的宽容，至少你能平静地审视世上的一切纷争，挨了整也不至于睡不着觉以致去寻短见。再进一步，还可以同竞争对手（以至于政治敌人）台上短兵相接、台下仍是朋友，该"练"时真刀真枪地练，练过之后还能一起坐下来喝酒。所谓"政治家的风度"（我愿把这个词改为"文明政治家的风度"），其实是我们每个人都应具有的一种宽容精神。我们都是凡夫俗子，我不相信谁真的能超然度外，不争一番自己的利益（特别是自己的基本利益还没有得到满足的时候），因此要想在这充满矛盾冲突、那么多事情都不顺你心思的世界上活得自然，不太累，不太烦，心平气和，不那么要死要活，真正需要做到的只是在一切利益冲突中保持一种对冲突对方的理解与宽容。这样，我们也才能把更多的时间与精力放在真正要做的事情上去，把自己的事业做好，并且通过做好自己的事情来增强在竞争中的"实力"。我对"超然"、"超脱"的理解，不是"不争"，而只是"走你的路"。争还是要争的。天下的事，没有一种一定要千方百计争取成功、不达目的誓不罢休的进取精神，是不会办成的，但能做到一方面力争，一方面超然，就需要有一种"尽力、尽兴，但不过分计较成败"的态度。

有了宽容，也就能有"幽默"。所谓幽默，我想其要义首先在于"宽容"和"理解",在于对一些奇特的东西甚至我们自己不喜欢的事报以会心的一笑,在于对我们自己做不出来的事的欣赏,从而包含着对个性的尊重。幽默有时也做"讽刺",但幽默的讽刺与嘲笑、嘲讽的本质差别就在于前者对于我们不喜欢的事也给予一份理解、宽容。大家一笑之下"泯恩仇",而不是用尖刻、仇视的态度去加以抨击、讥讽。经济学就因其宽容而幽默。西方经济学界里总是流传着许多的笑话,经济学家总爱在那里编出些自嘲或调侃他人的笑话,我想这不无道理,也是这一职业的一大特点(其实一切实证科学的各个领域也应都是如此)。这种幽默感我想一部分来自经济学这种比较"宽容"、承认每个人有追求自身利益的权利、每个人可以有不同的偏好体系与价值标准这样一种理论本身。反过来,我想性格过于尖刻、不那么容人的人,不能尊重他人个性的人,总想教训别人如何做人的人,恐怕成不了一个好的经济学家,最多可以成为一个好的"计划经济学家",但成不了一个好的"市场经济学家"。

第八章

需求与供给

　　我们现在搞市场经济，"资源配置"这一经济学术语已被人们广泛地应用。对于经济学家来说，这是一个令人感到快慰的好事。所谓"资源的合理配置"或"最佳配置"，从社会的角度说，就是要建立起一种社会机制，使得人、财、物各种生产资源，能够用于最能满足社会需要从而能够产生最大效益、最大利润的目的上去；而对个人来说，我们每个人都有一份"资源"，即我们的时间、精力和能力（有钱人当然还有一份资本财富可以用于投资活动）。而资源的"最佳配置"，一方面指的是如何将自己的时间、精力配置到最能发挥自己作用的用途上去，最大限度地有效利用自己的才能。另一方面也是如何将自己的能力，配置到最能满足社会需要的领域中去，最大限度地实现自己的社会价值。

竞争与创新

在详细分析"社会需要"在我们的个人选择中如何发挥作用、如何使我们的"供给"适应"需求"之前，我想先说一下经常被人忽视的两个重要的经济学原理：第一是"有用物一定有市场"；第二是，"供给本身能创造需求"。

"有用物一定有市场"，说白了就是"货好不怕没人要"。这意思是说，别怕市场已经被人占得满满的，别怕有那么多人也在竞争，只要你有真本事，能拿得出比别人更好、更新、更有用的产品，就一定会有人买账、有人喜欢。你就应该有一份自信，发挥自己的特长，甚至先不去想是否"有人要"的问题，勇敢地加入竞争。我们的经济正处于发展当中，市场刚刚开放不久，机会还很多，即使经济再发展，市场再"拥挤"，只要有真货拿得出来，一样能够在竞争中取胜。我最初在实践中对"市场已经被占满"这种情况有了一种直接的感性认识，是在去美国留学之后。第一次走进美国的超级市场、百货商店，我直发呆：每一类产品，每一种细小的、微不足道的用途，从厨房用具到家用电器，从洗发水到小汽车，每一种都有几十个、上百个牌号在那里竞争，你选都选不过来。这时你就会怀疑一个新手，一个新企业，怎么能够再加入进来。我自己是想都不敢想在那种条件下也去办企业、做买卖。可是后来我得知就在这么一种条件下，还就是不断地有人靠着一些新技术、新质量、新用途、新价格，挤进市场，站住脚，打败了对手，发了大财。其他任何一个领域内的道理也是一样。比如我们都知道有那么多的人在写小说、写诗歌、写散文，文学小道上黑压压挤满了人头，但你要真的相信自己就是有一份对生活的独特观察，有一种对社会的新鲜理解，有一套表现人性的独特方法，能驾驭别人未曾使用过的语言技巧，你就不要管旁边有多少人，竞争多么激烈，不要听那些"大师"如何规劝人们不要把那小道弄得过于拥挤，写你的书，走你的路，早晚能够赢得编辑、赢得读者。天下总有识货的人。搞理论研究也是这样。以前自己初上此道时，总觉得理论刊物发文章，一定重名气、重地位，还得有点关系，那么多理论家在那里每天写出那么多的文章，竞争那有限的版面，编辑老爷们怎么就会看上你的？后来时间长了，特别是现在自己也当了"编辑老爷"，才发现真正的好文章其实是不太能够漏掉的。编辑们见到观点独到、实力雄厚的文章，那欣喜劲儿不亚于作者本人。只有那些没什么特色、内容与形式都平平的文章放在一起权衡的时候，名气、地位以至于关系等文章之外的因素才会多少起些作用（说完全不起作用是瞎话），所以根本的问题还在于我们自己是否拿得出真货、好货，工夫用在文章之外是耽误了工夫。

"供给本身能够创造需求"与"货好不怕没人要"的基本
道理是相通的，后一句更强调"质量"，而前一句更强调"新
颖"。许多东西，在没有生产出来、没有被人提供到市场上来之
前，还没有其他人能想到有这么一种东西，自然就不会有需求，
因而很可能受到一些对其"潜在用途"不理解、估计不足者的
轻视、忽视，但只要那个新产品真的能为人们提供一种新的用
途、新的满足，它最终总能获得一个稳定的市场。从这个意义
上说，往往不是消费者先有了需求，然后大家去生产，而是相
反，东西生产出来了，大家才产生购买它的欲望，市场才被
"创造"出来、"开拓"出来。生产的道理与市场的规律也是相
似的。谁有什么"绝活"，就不必在乎一开始"不受重视"，而
是努力使它的功效发挥出来，加上适当的宣传、推销（包括所
谓的"自我推销"），让大家看到它的种种实用价值，"订单"
自会源源而来，也就不再有谁不予以重视。我的一个美国朋友，
上学之余潜心研究一种游戏棋，说将来要把它推到市场上去。
我当时听了很不以为然，心想市场上已有了那么多种游戏，现
在又兴电子玩具，怎么就能让人家来买你的一种新式游戏棋。
几年不见，前年他为联合国的一个研究项目来到北京出差，找
到我。我回忆往事，提起了那种棋，他竟告诉我他已建起了一
个以那种棋命名的公司，在西南部的几个州每年可以销出几千

副，有几万美元的利润，市场行情还在看涨。他还准备扩大生产，同时扩大推销宣传，顺手还从旅行包里拿出一副送我，说我要是愿意，可以让给我在中国的销售权（我这个"空头理论家"当然还是眼高手低，不敢去开拓市场，用"供给创造需求"）。从更广泛的意义上说，"供给本身能够创造需求"的道理，实际上是在说我们不必去一味迎合人们现有的需求、现有的口味、现有的眼光，而是要通过我们自己的创造性活动，去把人们的需求、口味和眼界，引到一个新的方向、提到一个新的高度。这在精神产品的"供求关系"上特别重要。很多情况下人们不重视一种理论、一件作品，认为市场似乎不大，往往是因为人们还不能认识到它们的重要性，还不具有欣赏它们的能力，这绝不等于说它们就没有价值，就不需要生产。相反，你把它们生产了出来，摆在人们面前，才会对人们起到启示的作用，使大家的理解能力和欣赏水平有所提高，人们才能给予足够的重视。一味地迎合现有的需求，大家就总在低水平上重复。

社会的需要

市场上一方面有供给，另一方面有需求。上面我们讲了要对自己的"供给"有信心,下面则该讲讲需求在"选择"的问题上所起的作用了。

人生的问题之所以能用经济学的原理来加以分析,原因之一就在于,生活中,我们不仅要考虑自己"需要"什么、自己能"生产"什么,还要考虑"社会需要"什么。人这种社会动物的生活,是在与他人的相互作用中发生的。一个人的"社会价值",是在与另外的人、与公众、与社会的关系当中实现的。一个人可以完全不顾及别人的评价,但所实现的只是"个人的"价值,而"社会"价值,则要由社会来加以评价,评价的标准主要就在于你是否为社会、为他人生产出了、提供了多少有用的产品——无论是物质的产品,还是精神的产品。

我们过去的经济体制,虽然整天说要"最大限度地满足人民日益增长的物质文化需要",并把它命名为经济的"基本规律",但从本质上是忽视需求、忽视对需求的研究的,并且缺乏一种"产销见面"、"供求见面"、相互适应的机制。结果是一方面生产出了不少不符合社会需要的东西,生产出来后因没人要而大量积压,浪费了许多资源;而另一方面,人们需要的东西又不能生产,发生严重的物品短缺。人才的生产、人力资源的"配置"也是这样。不顾社会的实际需要,按想当然办事,结果是一方面大量浪费人才,另一方面实际有用的人才却培养得不多。体制不变,情况还不明显,因为旧体制本身在一定程度上把问题掩盖住了，一搞改革开放，问题就全暴露了出来。首先是"官"太多，"商"太少。这些年每年叫喊简政放权，但国家机关工作人员在总就业人数中所占的比例不但没有下降，反倒还在持续上升。所以现在"全民经商"、扭转"官"与"商"的比例，从长远看是件大好事，一开始出现一些"官"、"商"不分和"官倒"，也是不得不付的代价，也还是有其积极意义的。另一个突出问题就是在全民教育水平还不高的情况下，理论型人才培养过多，实用型人才培养太少，搞理论研究的人过多，搞技术应用的人过少。这里的多与少不是这两种人才的数量相互比较，而是相对于经济与社会发展的实际需要。技术应用人才从数量上可能原来就比理论研究人员的数目多，但从实际需要的角度看，却还差得很远，而理论研究人员虽然人数还不很多，但相对于需要来说可能就是多的。

这些年出现了"教授上街卖馅饼"的现象，说起来令人痛心，究其原因也是多方面的，但我想其中之一可能就是因为存在着某种"教授过剩"的现象。"教授卖馅饼"这件事本身不是什么好事，天下也没有一个市场经济视"教授卖馅饼"为一种正常、一种进步；"教授卖馅饼"，不仅贬低了教授，也诋毁了市场经济。但"教授卖馅饼"这件事，反映的却是我们这个经济在过去的旧体制下形成的一种"病态"。首先的一个问题是，教授为什么要去卖馅饼？当然首先是因为穷。教授为什么穷？

因为工资低、教育经费少。这又是为什么？有两种可能的原因：一是钱太少，粥碗太小；二是人太多，抢粥喝的人太多。钱不多是很可能的，一个穷国，那么多的事情要办，财政收入增长又不快，拿出的钱自然有限；加上一些对教育、科技的重要性认识不足的因素，导致有钱也不往教授身上花，于是逼得教授上街卖馅饼。但是，我们也要问一问，是不是"人多了"。当然首先是"吃"教育经费这锅粥的"闲杂人员"太多了。我们的学校和研究单位，那么多的干部、行政人员、后勤人员，一个教授的后面可能有四五个不干教育（甚至还为教育"添乱"）的人与教授一起分享教育经费，给教授剩下的自然不会多。这个原因我想是问题的一个重大症结。其次，教授是不是也多了？总体上不多，有些学科，特别是一些本质上属于"赋闲学问"的学科中，教授以至于大学生、研究生，是不是太多了？天下没有无用的学问，也没有无用的人，更没有无用的教授，但却可能相对于社会需求、相对于我们的经济发展水平，出现"过剩"的学问、"过剩"的人。我们国家大专院校教师与学生的比率，在世界上是相当高的；无论是讲师还是教授、副教授，授课量比起发达国家的教师们少得多。而我们这样一个穷国，是否养得起？有限的资源要养那么多的授课量不大的教授（此外还有比率更高的学校里的大量行政后勤人员），教授的生活待遇也就不可能很高，结果便难免被逼得去卖馅饼。"养士"是件好事，穷国也该"养士"，我个人更是巴不得国家把"士""养"起来。但我们不妨研究一下：相对于社会经济发展水平，我们有些专业中的"被养者"是不是太多了？穷国只能养得起较少的士，养多了一定是"无车弹铗怨冯谖"，怨也没有用，只好去卖馅饼，自己解决问题。馅饼卖得多了，或许有朝一日还能买辆车开开，至少做到上街能"打的"，不再"弹铗"鸣怨。教授卖馅饼这件事反映出我们知识界、学术界在市场经济发展的过程中也面临一个"总量调整"与"结构调整"的问题。再者，有些专业是否特别地"教授过剩"？我不必列举具体是哪些专业，但毫无疑问，我们现在有不少专业是实用性较差、与经济发展关系不大的学问。而偏偏是这些专业，由于过去比较"发达"，产生了一种"马太效应"，人越来越多，比一些急需发展的专业人数增长得还快。比如说，那一专业虽然实用性较差、社会需求量较少，但因为此专业里老学问家多，"博士生导师"多，结果招的研究生就多，从事这一专业的人才数目越滚越大；而那些急需发展的专业，因在原体制下不发达，"导师"奇缺，发展却很慢。这种情况下难道就不该有几个人想法改改行吗？改行总是或多或少意味着资源的浪费，对当事人个人来说更是一种痛苦的选择，但若不如此资源就会有更大的浪费，大家谁的待遇也别想改善。供求不相适应，就要进行调整，不积极地调整，就要痛苦地调整。大家都顶着不动，有人去"卖馅饼"，比较起来更加积极、更有利于问题的解决。光坐在那里大叫市场经济搞得"文化堕落"，解决不了什么问题，其实不过是怀着那种对陈旧的体制、陈旧的时代、陈旧的文化的垂死留恋，来批判社会的进步，试图徒劳无益地阻挡积极的社会变革。"文化"要想不堕落的根本出路在于文化的发展适应经济发展的需要，如果不相适应，到头来可能会彻底堕落。市场是供求相互协调的一种社会机制，并不是说市场可以在一夜之间把供求之间的比例关系从原来的不适应变为适应，特别是在原来的比例关系严重失调的情况下就更不可能一下子扭转过来。相反，这种协调是一种逐步实现的过程，而且是一个在"波动"中经过反复协调达到适应的过程。在一开始的时候，难免发生"矫枉过正"，然后再逐步"回落"，还可能"回落"得过了头，再逐步校正过来。所以不能看到一开始发生"物极必反"、"矫枉过正"，就说市场调节把事情搞糟了。我们过去"官"多、"商"少，搞理论的多，搞应用的少，结果发展到今天大家都去经商、下海。官界如此、学界如此、文化艺术界也是如此，以至于政府部门"人才流失"，搞理论研究、搞"纯文学"的人数锐减，以至于像我们《经济研究》这样的杂志都出现一定程度的"稿荒"，我想也是难免的事。试图人为地阻止这一趋势，我看也难以奏效。如果我们相信市场机制的作用，就不必过多地担心。因为市场机制运行的特点，就在于它不会搞"固定价格"、"固定比例"或者"定额配给"之类的事情，而是会不断地继续调整，早晚会再"校正"过来。甚至有些现在"下海"的人，也许过一阶段发现那一行业不适合自己、收益不大，还会回到政界、学界里来。而经过供求关系的一番长期的调整，我相信学界的"待遇"也会相应地得到改善，即使粥还是那么多，僧少了，每人碗里的也会多些，达到一个社会中"体面"的水平，不用再为"受穷"而烦恼。不过学者们应该心中有数的是：既然要搞学术（不是应用），就别指望着"发财"。科学也是生产力，但我们毕竟是靠实业界养活的，不承担实业界的投资风险。如果我们的收入与实业家们一样高，到头来就不再有人去搞实业，都来搞学术，我们就又会没饭吃。在美国大学教授的收入（兼职收入除外），平均地说相当于一个卡车司机的收入，这不是没有道理的。正是这样一种收入结构，保持着各种社会需要的工作都有人去做，每项工作上的人不是太多，也不是太少。我们"知识分子"，要同轻视知识，轻视"知识分子"的倾向斗争，要为改善自己的待遇、条件而奋斗，但也要认识到，知识分子并不是"天经地义"地应该享受什么什么样的待遇，它既取决于我们自己的奋争，也取决于社会上的"供求关系"。

"时髦"的风险

生活中我们大家都知道"物以稀为贵",就是说你的东西不必太好、质量很高,只要少,一样能卖大价钱,赚大利润。东西少不少,不是就其绝对量而言的,而是相对于人们需求的大小而言的。需求量大,东西少,大家争购,价格被抬了上去,生产者利润就高,就会有更多的人来生产这种物品,于是东西会多起来,价格也就逐步跌下去。而当供给太大,价格太低,大家亏本,便会有许多人倒闭或早早地转移到别的行当上去,于是价格又回升。所谓"供求规律",所谓"看不见的手",说白了无非就是这么一回事,所以经济学的基本理论其实是很简单的,经济学本身是建立在"常识"之上的,直接来自现实生活。经济学界甚至有这样一句自我嘲笑的话:"什么是经济学?经济学就是把在现实中行得通的东西,拿到理论中来看它能否行得通。"当然,像供求规律这样的道理,说来简单,但在实践中自觉地加以利用并用好,也不是时时处处很容易的,因为人们经常会受到其他一些现象的迷惑。比如直到今天,还经常见到一些报道或文章,说商店、摊贩如何如何"乱涨价"坑害消费者,谋取暴利,因此要加强管理,加强控制,刹住涨价风。

表面一看很有道理，但我们应该再问一个问题：他为什么能够涨价？涨了价为什么还有人买？要是涨了价之后没人来买，他还能涨价么？这样一问，你就会发现，问题不在于商贩的"缺德"（有机会涨价而不涨价，从经济学的观点看是"大傻帽"），而在于东西太少，不能满足需求，所以根本的出路是发展生产，增加供给，加强市场上卖者之间的竞争，而不是去"管理物价"；你管着物价不让它涨，那么就一定是商品马上一抢而光，"有价无货"，或者就是"走后门"成风，歪门邪道盛行；而且你越是压着物价不让它涨，不让那种商品的销售者、生产者在一定时期内获得"暴利"，就越是不能吸引更多的人来多生产这种东西，市场状况就总是得不到改善，你也就越是得成天忙三倒四地去"控制物价"——那才是真正的瞎忙，没有忙到点子上。改革开放以来的大量事实告诉我们，你放开哪个物价，不去管它，哪个市场上的供求关系就得到改善，到头来价格不仅升不上去，还会往下降；而国家管住哪一种物价，那个市场上就一定还是供不应求，价格总在那里憋着劲地涨。我经历过旧体制下的物品全面匮乏，现在走在街上那一排排的水果摊中间，常常为市场机制的神奇效力而感动：真不知从哪儿冒出这么多的水果！大冬天的两块多钱一斤又大又好的芦柑、苹果，比起10年前价格也没高出多少（按质量算许多水果可以说没有涨价），而大家的收入却涨了那么多，可有人居然还在反对搞市场经济！

在"供求规律"的基础上，经济学还发展起了一套稍微复杂一点的理论，叫"创新理论"，其中的一个比较重要的原理，叫做"产品生产周期"学说，说白了就是描述"创新"与"赶时髦"之间的关系。最初，有人发明了一项新产品、新技术、新的经营方法，或者抓住了新出现的一种社会需求，就是看准了一块新市场，这就是出现了"创新"。由于其新，便物以稀为贵、物以"新"为贵，物以"独"为贵，因而能发大财，得到很高的"超额利润"。大家看着眼红，于是大批的人都来仿而效之，干同样的或类似的事情，生产同样的或类似的东西，这就称为"模仿"或曰"追随"，其实就是出现了"赶时髦"。什么东西一成时髦，一成"大量"，便不再新、不再稀、不再独，市场便拥挤起来，那东西也就不再"贵"，价格下跌，一直跌到有人赔本、有人倒闭、有人"自杀"。这种产品或技术从赢利角度看的"生命周期"，也就完结了。在这整个过程中，"创新者"是成功者，后来"模仿"得较早的，也可以算是成功者，利虽不那么大，也还算有利，早早捞了一票。而失败者，"赔本赚吆喝"者，一定在那些"赶时髦"者之中产生。"赶时髦"的好处是不承担"创新的风险"，也没有为"创新"而付出过一种额外的努力，看到别人已经开了路子，才跟着往前走，似乎比较保险，但是没有想到这种保险的方法也有"风险"，即大家都来赶时髦，市场一下子拥挤不堪之后赔本的风险。

从个人"选择"的角度看，能成为创新者当然是最理想的，但实事求是地说，我们并不是每个人都有能力（知识与资本）去创新，多数人恐怕只能"模仿"、"跟随"。所以，对我们大多数人来说，赶时髦有时必不可少，真正需要特别注意的问题便是在"时髦"到来的时候，要冷静思考谨防赶过了头，没有赶上"赢利"，反倒赶上了"赔本"。赶时髦者，都看到了在自己前面的人如何如何"赚了一笔"，看到了当初创"时髦"的那种高额利润，一心想着也按同样的办法去赚。但你看到了那个"榜样"，别人也会看到；你去模仿，别人也会在模仿。大家一哄而起，结果一定是行市大跌，做生意如此，做其他的许多事，比如对学习专业和职业的选择等，都是如此。当前的一大"时髦"是经商"下海"，更具体一点的时髦还有"炒股票"、"房地产"、"开发区"等。我们国家是需要大量的人转移去经商"下海"。作为经济学家，我特别希望看到有更多的人去"下海"。下去的人越多，竞争越激烈，市场成熟发育的过程也越快。但从个人选择人生之路的角度说，我们每个人都应小心不要赶时髦赶过了头。我国改革开放后最初经商发迹的主要是两种人：一是在原单位旧体制下干得"不顺心"，一身才华得不到重用，或因种种原因受排挤打击，于是半是无奈、半是自愿地脱离旧体制、脱离"官本位"、放弃"铁饭碗"，自己另辟蹊径；另一种人是社会待业人员、刑满释放人员等，无事可做，逼上梁山，从个体户干起，义无反顾。这两部分人中，只有第一种人是真正意义上的"下海"者，是放弃了已有的铁饭碗之后经商的；而后者本来就在"海里"，上不了岸或没有位置能让他上岸，所以也就无所谓"下"。当初的这两批人，可谓是"创新者"。他们冒着各种各样的风险，打开了一条新的生路，所以他们成功了，发了财。按照"创新理论"，他们也一定会成功。因为他们即使在经营能力和实力上差一点，也能因市场空缺大，物以稀为贵而获利。而今天，当"坚冰已经打破，航道已经开通"的时候，当大家都看到了那条道路的好处的时候，再去"下海"，就已不再具有"创新"的性质，而都只不过是"模仿"、"赶时髦"而已。这时你能否成功，已不可能仅靠"物以稀为贵了"，而是要看你能否在正常经营的条件和市场竞争环境下有实力取得成功，不败在身边那些大量的竞争者手下，也就是取决于你本身的能力和实力。这时作"选择"，你就要更多地作些"市场分析"。这是因为，过去是个人下海就能"捞到"的东西，现在你得去和别人竞争才能"抢到"了！

在"时髦"面前要保持冷静的另一个原因是：有的时候（当然不是所有时候），整个时髦都是在瞎折腾！因为这种"时髦"违反了历史发展的真正潮流，是"逆潮"。这时赶时髦赶得越欢，事后发现白费的工夫越大，甚至还会对我们的今后产生许多副作用。"文化大革命"是一个最典型的例子。最近在一次会议上，听到我们社会科学院院长作了一个很精辟的分析：苏东等国由于教条主义盛行，整个社会科学界 70 多年来的工作成果，除了一些资料性的东西外，其他一切基本上可以说都是白费了。这很值得我们深思。理论界、舆论界有时有些很时髦的论题，但你自己分析一下，实际上并没有什么真正的理论意义和理论价值，过一段时间再回过头来看，不会对科学的进展和知识的积累增添任何新的东西，并不值得那么多人去为它费那么大的工夫，还不如扎扎实实在一些当时不时髦、不叫好甚至遭白眼、遭排斥、遭压制的论题中去多下下工夫，将来反倒真正对社会有益，真正有长远的价值。理论界的情况是如此，其他各个领域里也都会有这种情况发生，都需要我们在"新潮"到来时保持清醒的头脑，作冷静的分析。我想我们每个人都是赶时髦赶过来的，年轻的时候就更难免如此，要紧的是在每一次赶"时髦"中吸取应有的教训，下次时髦再来时，变得比较清醒一些。

选择专业或职业，都有一个社会需要问题。在不同的时期，社会需要可能是不同的。有时从事某些专业，可能更容易找到工作，或有更多的发展机会，这对于一个人的生活选择来说固然重要，但我想若从长计议，一个人在生活之初，在选择学习方向的时候，应该更多地注重自己的兴趣和能力，着眼于你喜欢做什么和能够做什么，而把是否"容易被录取"、"容易找到工作"等放在较次要的位置（不是完全不考虑）。你容易被录取，别人也容易被录取；那个专业今天缺人，明天可能就不缺，一切都可能会变，"市场"经过供求之间的相互调整达到平衡之后，各专业、各领域里的竞争程度会是相同的。你能否在竞争中占据一席之地、取得成就，到头来还是要取决于你自己的能力，取决于你所付出的努力。所以要用一种长远的眼光来看待选择的问题。发现选择不当，该调整也要及时调整，浪费了一些时光也是必要的，因为现在调整，浪费的只是几年，而现在不调整，到头来浪费的可能是整个一生，就像我们的国家现在加紧改革，可能会有点小乱子，但若挺着不改，到头来会出大乱子的道理一样。

机会与诱惑

社会的某种需求，在我们的生活中就表现为一种"机会"或"机遇"。机会的存在不是偶然的，但在某时某地出现在某个人的面前，却是偶然的，这时就需要我们当机立断，及时抓住。抓住了机会，就有了成功的可能。最初机会出现时可能很不起眼，但抓住了，有了一个好的开端，沿着这个方向走下去，就可能有大的成功。无论在生活的哪个方面，情况都相类似，这一点人们谈论得也很多了。许多成大业者，都是因为善于抓住稍纵即逝的机会。

但我倒想到了另外一点，就是对"机会"也要作一点鉴别、作一些分析，并不是任何机会都要抓住。在我们今天这样一个新旧体制交替转轨的时期，新的机会、新的可能性可能每天都会在我们身边涌现，如果都去"抓"，就可能什么也抓不住。在我所知道的人当中，有那么两三个，人非常能干聪明，什么事都干得上来，大概正因如此，机会对他们来说也显得特别多，"好事"总会找上门来，结果今天看看这个好，去干干，明天看看那个好又去试试，什么风头都赶得上，赶上过。这十多来年编过书，搞过"学会"，给政府当过"智囊"，呈递过如何改革开放的政策建议，编过电视剧，开过公司，炒过股票，出国待了一阵，回来还搞过社会调查，后来又当了外国公司的"驻京代表"之类，总之是八面生风什么都干，但又似乎一事无成——也不能说无成，只是一直没有什么大的成就，到现在似乎还在四处飘荡，没有"定位"。其实我想凭他们的才华，塌下心来集中精力干一件事，恐怕早已成大家了。能力强，机会多，选择余地大，无论如何是件好事，但问题在于你得把它们看成是一个"可供选择"的机会，而不能当做非得利用不可、失去哪个都可惜的机会。机会有时就相当于一种"诱惑"，在众多的机会中进行选择，就相当于"抵制"一些诱惑、排除一些可能，集中到一种特定的选择上去。这时要做的，关键就是认真分析自己的兴趣、志向、优势，搞清楚自己真正想要什么、想干什么、能干什么、什么更重要，根据自己的志向找机会，而不是受各种机会的摆布，让诱惑牵着自己的鼻子跑；由你来利用机会，而不是做机会的奴隶。

80 年代初期我国改革开放进入高潮，当时的一大社会需求，就是为改革积极出谋划策。改革是个新问题、新事物，在这个论题面前，青年人与老一辈可以说站在同一水平线上，因此是青年人展露才华的大好机会，对我们这些中国社会科学院研究生院的经济学研究生来说，更是近水楼台，占有天时地利人和之便，可以捷足先登。我的不少同学、朋友，都是在那一时期崭露头角的。我也曾试着做了一点，搞过一次调查，回来后提过一次建议，但很快放弃了。现在回想起来，当时这样做并非是由于作了很理智、很清醒的分析，只是有一些"直觉"：一是我自己觉得对走"仕途"并不十分感兴趣，与自己的性格不大相适应，不如好好读点书，自己有了更大的"本钱"，去做些更独立的研究工作，更合自己的口味；二是自己没有那么敢想敢说敢干，一下子去搞"对策"，理论准备实在不足，说出的话没有充足的理论依据，心里总不踏实，总觉得自己有朝一日会推翻自己当时的观点、主张；三是觉得自己二十几岁再上学，不抓紧时机塌下心来读点书，错过了这么一个重要的机会，将来可能一辈子后悔。现在想来，面对当时的"社会需求"和社会机会，作了这么一个选择，未免有点"自私"，但也没有办法，因为就我个人"秉性"而论不适合做的事情，即使干起来也会是三心二意，勉勉强强不会有什么成效，不像我的一些朋友那样，满心欢喜地干，一心一意地干，无论成就如何都不觉得难受。

到了 90 年代，市场经济有了更大的发展，国际交往也越来越多，在另一方面我自己经过几年的学习、留学，也算有了点知识，遇到的各种需求与机会自然更多也更多样，其中不乏很大的诱惑。除了外企、公司之类的邀请之外，有些国际组织的邀请，对我来说颇有诱惑力。这些国际组织需要依靠所在国的经济学家所作的种种研究来了解各方面的经济情况和经济问题，而目前国内搞经济而又能直接用英文作为工作语言与他们交流的专业经济研究人员的确不多。我要参加这些国际组织的工作，待遇显然不薄，况且并不放弃我的专业，还可利用不少有用的资料和调研机会，但最终我还是放弃了，原因如下：第一，我不能放弃我现在真正感兴趣的研究方向，国际组织所需要搞的那些研究课题毕竟与我自己的兴趣不尽一致；第二，既然我已回国来了，我的目的就是要在尽可能多的时间里从一个在国内的中国人的位置上面和我的同胞们做事、讲话，而不想站在国内却面对国际组织讲话、为它们写报告。所以到头来我还是坚持了我自己的"活法"。这也是一种机会成本的比较。如果当初为了每月多几千元的收入，而放弃自己真正想干的事业，现在我可能还是国际组织中几千几万个无声无息的小雇员当中的一员而已。

在一个机会层出不穷的历史条件下，真正适合你自己的好机会，可能只有不多的几个。

第九章

投入与产出

生活的艰辛

时下有一个词颇为时髦：叫做"玩"——"玩文学"、"玩艺术"、"玩公司"、"玩技术"、"玩理论"，"玩"某某专业，"玩"某某概念，"凑合着玩"，"玩不好瞎玩"，等等。一个"玩"字，含义颇丰，但首要的一种含义当然还是玩字的本意：并不认真、更不执著、也不费力，玩玩而已。另一种特定的含义则是：这么个玩法，也是出于无奈，生活所迫，怀才不遇，如有更好的玩法，也可去玩别的，十八般武艺还有待一露。

好用"玩"字者，我以为多半出于调侃，或者是一种大度的"自嘲"，以一种泰然的心情，面对生活的艰辛，表示"我不在乎"。这是很令人感动的。因为这样一来，旁人就可不必听到那些对生活喋喋不休的抱怨，弄得大家心里都不舒服，像我们经常会遇到的那样。中国人好向他人倾诉自己的不幸，遇到一点困难，工作上有了什么不顺心的事、家里有了纠纷，全会挂在嘴上、露在脸上，向朋友、熟人如实道来，求得人们的一份同情，一份怜悯。这样做的一大好处是可以防止人们嫉妒——多说自己生活中的难处，少让人家知道自己如何的"顺"。生活中"恨人有、笑人无"的人多，大家就更倾向于"多哭穷、少露富"，这时也就更显得说"玩"的人可爱。对于那些真有能耐事事"玩"着也干好的人，敢于毫不隐讳地告诉人家我过得很不错，事事顺心，是一种处世的真诚与不怕招嫉妒的胆量；而对于那些以一个"玩"字把奋斗的艰苦留给自己的、把生活的乐趣赋予他人的人，这是一种为他人着想的善良。当然，事实上也存在着另一种人，说"玩"字是为了故作潇洒状，明明百般挣扎，倾心竭力，使出吃奶的力气，却故意说是在"玩"，以表明自己本事有的是，再难的事业对他来说不过小菜一碟，事业无成，也只因自己没把它当一回事。但即便如此，也还是表现出了我们中国人特有的"含蓄"。西方人为了这样的目的，不说这种带有调侃意味的"玩"字，而是会更加极端。比如西方人见面打招呼时好问：你怎么样？答者一定要拣好听的说，"I am fine"、"great"、"wonderful"、"perfect"，等等，都是"好极了"、"不能再好了"、"好透了"的意思，无论他是否刚赔了一笔生意，刚挨了老板一顿训，也无论他是否正在发愁交不上房租，是否刚和老婆吵了架，总之是一定要把自己的倒霉掩盖住，除了少让人家为你感到不痛快之外，更主要的还是要防止人家小看了你。我刚到美国时不懂这套虚词的功用，人家问我怎么样，我就如实地说好说坏，后来发现效果不佳，特别是发现那些愁事一大堆的人也满口的"好极了"，才学得乖一点，也把 Wonderful 之类的词挂上嘴边。

没有免费的午餐

据我自己的体验和我对别人的观察，真正能玩着干成什么事、特别是什么大事的人，不说没有，也只能是极少数。口头上怎么说是一回事，事实上究竟怎样是另一回事：天下没有什么成功的背后没有一番磨难、一番心血、一番痛苦、一番苦熬、一番努力。运气是有的，天才是有的，但与成功者的人数相比，那是个微不足道的少数，多数人的成功都是用辛劳、用血汗换来的。几个"玩"字，往往还不能"蒙蔽"几个人，最糟糕的是有些描述成功者成功经历的书、报道或者宣传，总是把成功的美好、成功者的得意大书特书，似乎一切在他们手中都是那么容易，而对付出的辛苦却轻描淡写，弄得大家都觉得自己因没那么高的天赋、没那么多的运气而自认倒霉，不再有信心去努力争取成功。我说这有点像赌场老板或"有奖销售"的组织者或"彩票"推销员的诡计，总在那里宣传谁谁谁赢了钱、中了奖，而对多少人输了钱、没中彩讳莫如深。如果是"自传"，作者为了炫耀自己如何有本事，也还可以理解（虽然同样"可恶"）。最不能让人理解的是那些旁人写的宣传性"报道"：你究竟是在给大家一个榜样以鼓励大家都去努力成功呢，还是告诉大家都别去干事，干也没用。只有把成功后面的艰辛如实告诉大家，才会有更多的人努力奋进，因为大家都将明白：原来成功也是我们这些平常百姓可以经过奋斗获得的，而不是少数天才或幸运儿的专利。

经济学告诉我们，除了像阳光、空气等大自然赐给我们使我们可以直接"免费"获取的东西之外，一切产品都是"生产出来的"，都是有代价、有成本的。没有"投入"，就不会有"产出"（时至今日，就连"充足的阳光"、"清洁的空气"都已经变得不付代价难以得到了）。人的能力不同，只表现为"生产率"的高低不同，"投入产出的比例"不同，但并不是无须生产、无须投入，可以不付成本、不付代价。"天下没有免费的午餐"。你免费吃了一顿，也一定是别的什么人替你付了钱，天上不会掉馅饼。人是好"占便宜"的，但所谓"占便宜"，无非是窃取或夺取他人的成果，而那成果本身，仍然是他人劳动的所得。并且，从个人的角度看，即使"窃取"或"夺取"这样的事本身，也是得费一番心思、花一番力气的，得想出一套阴谋诡计，或者使自己强大得足以"夺取"点什么而不使人能再夺回去，都不是件容易事。从这个观点看，"选择"的问题就变成了"你愿意付多大的成本?"的问题。在正常情况下，也就是在不存在"假冒伪劣"的情况下，总是"一分钱一分货"，付得多，得得多，东西好，反之则相反。只要你愿意出"高价"，

第九章
投入与产出

一般说来总能买到好东西。

可以说，在一定的社会环境、经济发展、科技知识和理论发展水平下，在一定的教育条件下，一般人，也就是具有平均体力与智力水平的正常人要做成某一件事，都必须付出一定的努力，而成就有多大，就与个人付出的努力有多大相关联。是否努力，取决于我们自己愿意不愿意，但努力与成就这种"投入"与"产出"之间的关系，却是不以我们自己的意志为转移的，而是取决于外在的条件与"社会评价"，就是说你既不能投机取巧，也不能自己靠"自吹"或拉一帮"哥们儿"来吹说自己取得了怎样怎样的成就。外在条件变了，你的同等努力可能换来更大的成就。比如说改革开放以来解除了许多"禁锢"，政策环境也开始鼓励人们发财致富，于是我们省了许多"东躲西藏"、遮遮盖盖的工夫，我们费同等的力气，能够发更大的财。再比如现在有了电脑，作家们开始用电脑写作，不再老牛拉车式地爬格子，一个人在同样的时间里可以写更多的书等，这些都属于"制度创新"或"技术创新"的成果。它使我们的"生产效率"更高了，但并不是你本人先天的能力比别人高或比过去高的结果。这种努力与成就的关系，就称为一定条件下的某种"成就"的特殊的"投入—产出关系"。

就像物质生产中"生产成本"是由多种因素构成的一样，生活中要干成一件事情所需付出的代价也是多种多样的。有

"物质成本"，就是说得花钱，在那些"不花钱办不成事"的情况下就更是如此。不过普遍存在的成本主要有两种：第一种是"劳动成本"，另一种则可以称为"心理成本"。让我们先来说"劳动成本"。这指的就是你为取得某种成就所付出的时间、精力，你的体力和脑力的支出。中国的一句古话叫"劳心者治人，劳力者治于人"。这话虽然把"劳心"与"劳力"放到了对立的地位上，却也道出了经济学的一个基本道理：无论是"劳心"还是"劳力"，都是一种"劳"；无论是脑力的支出还是体力的支出，都是一种支出；无论是科学研究还是领导管理、组织经营，都是一种劳动。体力劳动者付出了体力，但可以少"操心"；管理人员、"当官的"体力上轻松点，但操的心多。资本所有者本身就其经济职能而论，也要付出一定的劳动，那就是为"配置资本"而付出的脑力劳动。我们过去长期忽视的一个问题是，作为生产资料的所有者，面临一个如何管理和运用其生产资料、及时把它们投入到市场需求最高的用途上去，避免亏本、增加利润。于是，他要研究市场行情，观察风云变幻。就这一职能本身，也是一种"劳心"的劳动。而这一"操劳"本身，是有利于社会财富的增进的（当然在存在剥削的情况下也额外地增加了资本家占有的利润）。许多股民天天看报研究股市涨落，整天要"泡"在股市上随时准备买进卖出、转移投资。没有他们这种为了发财而"操心劳命"的辛苦，股票市场的作用就不可能发挥，资本的"最优配置"就无从谈起，资本的效率和整个经济的效率也就不可能提高。我们的经济之所以效率不高，原因之一就是经济中为资本合理运用、合理配置、提高效率而真正"操心"操到像股民那种寝食不安、股市一跌就要去自杀的人太少了一点。这几年经常听到有的人说：拿国家的资本或"老板"的钱去经营"省心"。都这样省心，资本的效率又怎么能高得起来呢？

为做成一些事情而付出的代价，还有一种可以称为"心理成本"的东西，就是在做成一件事的过程中所经历的种种焦虑、紧张、烦躁，食不甘味、睡不安心，遇到挫折时的委屈，遭受失败时的痛苦，等等。这种成本当然最难衡量，但无疑也是为做成事情、达到目标所必须付出的一种代价。我的一个同学在一次重要考试之前曾因紧张而虚脱，晕倒在厕所里；还有一个朋友整天为一笔可能赔本的买卖焦虑不安，一夜间掉光了头发（"鬼剃头"），这些算不算是"成本"，算不算是代价？政治家喜怒不形于色，你总看他对大家和蔼地微笑，镇定自若，八面威风，可实际上他可能在内心并不轻松，随时要警惕着政治对手的进攻，一刻都不敢懈怠；商人大宴宾客、飞觞换盏、谈笑风生，一副春风得意的神情，但可能这时他还得时刻担心着市场上的波动，惦记着席散后如何与在座的某位谈一笔难谈的生意，挂念着一笔债怎么要，一笔账怎么还，不像桌上的许多吃客，唯一想着的就是怎么吃；电影明星光彩夺目，到处受影迷的爱戴，一举一动受到公众的注目，可他们可能会因此而失去"隐私权"，不能过普通人的正常生活，出门都要三思而行；工人整天重复某一种操作时感到的单调、乏味；股民为股市变幻而感到的焦虑不安，等等，都可以算做为达到某种目的而付出的"心理成本"。

时间、精力以及种种的"心理成本"，构成我们为实现某种目标而需付出的代价，有时是相当高昂的代价。代价过高，会使我们望而却步。在高额"代价"面前，我们实际上也面临着一种选择：要么知难而退，另作打算，放弃目标，要么横下一条心，克服困难，咬咬牙挺过去，经受一番"磨难"，继续努力去实现自己的目标。我想我们每个人在生活中的某一阶段或某一个问题上，都会面临这样的选择，而我们一生究竟能做什么，往往就取决于在这个选择面前的一念之差。

我自己曾多次面临过这样的选择，最严重的一次是在美国留学时遇到的。我那时是在中国社会科学院研究生院读博士研究生期间留美学习的，正式身份是美国国民经济研究局的访问研究员，不过自己预定的目标还是要多上点课，学习知识，因此从一开始就到哈佛大学去旁听研究生的课程。哈佛大学的研究生课不是闹着玩的，大量地阅读原文原著，大量的课外作业，数学知识也要求很高，理论内容直接涉及许多"前沿"问题。

第九章
投入与产出

老师在课上讲的相对来说很少，主要靠自己读书做作业，一篇作业做下来有时相当于写出一篇论文，而且无论是作业题还是考试题都是尽可能地为难学生，尽量地给学生施加压力。自己虽然在大学里就幸运地上过比较扎实的西方经济学原理课程（当时国内大学多数的西方经济学课还局限于讲"流派"），硕士研究生读的也是西方经济学专业，基本原理都已掌握，但跟起来仍然吃力得很。加上自己刚去时英文听讲水平还不过关，没有受过正式的语言训练，教授又有些是美籍外国人，美国学生听得都费力，更不用说像我这样的，一堂课听下来往往似掉进云里雾里，掌握不到什么东西。而我又不是正式注册的学生，一切都取决于自己的选择：我可以不去费那个劲，可以不读书不做作业，甚至可以根本不去听课，轻轻松松当一个一般的访问学者，四处走走增长些见识，写些东西，也说得过去。这种完全没有外在压力的情况我可以说还是第一次碰到。过去作为一名学生在学校读书，即使没有考试，也还有导师的督促。我的硕士、博士研究生导师朱绍文教授，从我当他学生的第一天起，就不厌其烦地告诉我学问差得还有多么远，督着我和我的师兄师弟们老老实实地坐住冷板凳，把书读到家。而现在连导师也不在身边，没有任何一个人来"督"我，一切随我的便，随时可以"溜"掉。每当我感到课跟不上、听不进去的时候，每当作业做不出来、论文读不完的时候，都会产生"逃跑"的念头。总之，当时我没有"外在压力"，一切取决于自己能否给自己"加压"。压力加不上去，学习也就别想有效率，用一句经济学的术语说就是：如果"约束"是"软"的，总有后门可以溜掉，经济效率就不可能高。好几个月的时间，就这样在似有压力似无压力、似学非学之间溜掉了。直到后来，当我在种种考虑下决定不留下来在美国谋职而是回国做事之后，意识到这可能是我的最后一个机会在课堂上系统地学习当代经济学理论，失去了自己再学就要费不知多大的劲也不一定真正能学通的时候，才下了一定要"学进去"的决心。于是暑假之后从头学起，跟着班上的学生一起听课、做作业、参加小组讨论甚至参加考试，硬着头皮把两个学期的两大理论课程（高级微观经济学和高级宏观经济学）跟了下来。虽然没能继续留下来读一个洋学位，但我还是感到心里很踏实也很充实，毕竟把当代经济学的基本理论和方法系统地学了一遍，其他事情可以以后再做了。对于当时面临困难选择时的矛盾心理，现在想来不免还有些后怕：如果那时没有咬牙坚持下来而是因缺乏压力逃而跑之，我可能会一辈子后悔。我曾对人说：不知别人如何，我在美国可算是经历了一番"磨难"（其中还包括后面要谈到的"走还是留"这一困难选择对我的"磨难"）。

我记不得在哪里曾读到有人对"万事无捷径，处处有艰辛"作过一番很精彩的形容，说上帝手中拿着一个天平，在天平的一边，你喜欢放什么就放什么，不过相应地在另一边也放上你所付出的代价：你这边想要成名，那边就要肯花时间、勇于牺牲，努力去做些有利于成名成家的事；要想富有，就要一心想着钱、为钱整天奔波；要想有智慧，那就要追求真理、永不妥协，等等。天平的一头越重，另一头也要越重。上帝就用这一把"天平"来使每个人都处于平等的地位。这个比喻可以说明几方面的问题，首先，天平分两端，目标的选择与代价的付出不过是一个问题的两个方面。目标定得高些，想要的东西多些，你才能吃得起困苦，经受得起磨难，否则一切都是不值得的。其次，"天平"对各行各业都是一样的，所以我们要尊重别人的事业，别人的成就，不要总觉得自己辛辛苦苦，而看着别人都轻轻松松，这样就可以使我们不总是这山望着那山高，总想着干点别的更省力，最后白白浪费了许多时间，什么事都没有干成。人的一生可能都会面临一次以至于几次重新选择的问题，比如我们现在面临着市场经济的滚滚大潮，新的机会在我们周围涌现，许多人都面临着新的选择，以真正发挥自己的能力，"实现自己的价值"，但这时仍要作冷静的分析，特别是要认识到干什么都不容易、都要费同样的力气。世上可以说没有什么事是我们不能做的，但什么事都一样要付代价，还是要从自己各方面的条件，自己的兴趣、爱好、能力等考虑，而不能总以什么更容易作为选择的标准，那样可能选来选去总是不能满意。

"多样的人生"

我们前面曾经说到，一个人从享受某件物品上所能获得的满足，往往是递减的。但是，在"生产成本"的问题上，当其他条件不变时，要生产更多的同一种物品所需付出的努力，却是会"递增"的。就好像登山一样，在山腰上的时候，多爬高一米可能不太费力，但越往高处爬就越困难，再爬高一米，所需付出的努力就要大得多。打乒乓球、游泳、踢足球等，开始学时进步很快，不久就能达到可以参加比赛的地步，但接下去，技术上的一点点进步，可能都需要花费更长的时间，付出更多的汗水。用经济学的语言说，这种现象就叫做"边际成本递增"。

中文里面有一个颇为玄妙的字，叫做"悟"，词源学的本意只是"领会"、"理解"，但不知是否由于后来受到佛教的影响，人们在某些场合用它时，便隐隐约约有了一层更深奥的含义，即用它来指一种心灵上的探索过程：在一个混沌的世界中，一切都是模糊不清的，不可能有界限分明、定义确切的理念，也没有人来指点迷津，必须靠自己长期的学习、体验、感知，在似是而非之中、在蛛丝马迹背后、在书中的字里行间，逐步领会到那种只可意会不可言传的"玄机",最后方能进入"大彻大悟"的境界。我想这个本身就说不大清的"悟"字,可能体现着中国古文化的一大特点,比如集中体现中国古代哲学和思维方法特点的《易经》和中医,就都很强调这种"悟"的过程;佛教之所以能被我们接受,或许也是由于在"悟"字上,与我们传统的思维方式有相通之处,它不像基督教之类,只是简单明了地叫人们牺牲自己、侍奉上帝,而是要人们"长期打坐",去感知天灵(俗人不可能都削发为僧去"长期打坐",于是导致实用主义的迷信者多,真正信奉宗教者少)。

如果不忌讳亵渎"神灵"、"泄露天机",我想经济学在这个问题上也可以给"悟"字一个"俗气"的解释:所谓"悟",无非就是在人们学习知识、掌握自然界和人类社会运动规律过程中的一个阶段,在这个阶段上,"常识"已经被人掌握,再进一步,学习的"边际成本"快速递增,或者说同一份努力的"边际收益"快速递减,变得非常之小;只有再经过长期探索、大量阅读、反复实践、多方比较,才能最终实现一种"飞跃",真正理解、认识到一些"深层次的"、"规律性的"东西,思维才成"体系",才能用一种较为简单的方法来把握那复杂的万事万物。总之,哲学中玄而又玄的"悟",在经济学中就可称为学习成本的"快速递增"或学习收益的"快速递减"。

在做学问的问题上,这种"悟"的过程,当然体现得最为明显。我们每个人恐怕都经历过这样的一个长期苦读却感到收效不大、越读越"迷糊"的过程，以至于陷入了十分苦闷的境地。直到突然有一天，有意无意之中读到了一句看上去很不相干、事后也记不起来的话，或遇到了一件十分普通、毫无特殊意义的事，却突然从中领悟到了什么，一下子把过去学的许多知识、许多心得体会都融会贯通起来，即所谓的突然"开了窍"，然后再往前走，又是长期的"边际收益递减"，再突然地茅塞顿开。科学试验恐怕也是如此。在美国读书时，有一次在路上遇到一个中国同学，一见面就兴高采烈地告诉我他怎么突然想到了一个极简单的办法，把长期没做成的一个试验做成了，直说以前自己怎么这么笨就没想到用这么个办法。其实我想要不是他经过了那么长期反复的探索，可能不会达到今天这种茅塞顿开的境界。文学创作中的"灵感"，其实也可作这样的解释。对于其他社会性较强、实践性较强的专业来说，用"悟"字可能不很贴切，但成功之前，人们免不了也会有一个长期苦心经营收效不大的阶段，比如在升大官之前，必须长期在一个小官职上踏踏实实、兢兢业业、不得"造次"；或者在发大财之前必须长期一笔小买卖一笔小买卖地做起，一分钱一分钱地积累资本，等等。不过就在这显得乏味而枯燥的不懈努力之中，能力、经验、社会关系、资本等都将逐步积累起来，最终达到了如鱼得水的境地，或突然之间飞黄腾达，或一觉醒后时来运转，前程豁然开朗。总之，在"高额收益"到来之前，总会有那么一段长期努力但收效不大的阶段，"苦其心志，劳其筋骨，饿其体肤"。

"长期打坐"、苦修苦炼，不一定能得"正果"，因为那可能还取决于许多其他的因素，而不仅仅取决于我们自己的主观努力。但从多数情况看，不经历一个长期打坐、苦闷、寂寞、枯燥、徘徊以至于迷惘的阶段，却肯定得不到"正果"。这就向我们从另一个角度提出了"选择"的问题：你是甘心打坐，甘愿经历一个长时期的"边际收益递减"阶段，以求"成仙成佛"，还是敲木鱼二三日，看看成效不大，便走下山来，蓄发留须，再换一种活法？

问题在于的确存在着另一种选择、另一种活法。前面已经指出，人可以做许多种事情，而不是只能做一种事情；会有许多爱好而不是只有一种爱好；许多事情都能给我们带来满足、带来实惠，而不必非得一棵树上吊死。因此便存在着这样一种可能：这件事也学学、干干，经过一个收益较高的阶段之后，在收益开始"边际递减"时便停下来，再去干另一项，同样是只求入门，不求"成仙"，过一阶段后又开始一个新的领域，或者干脆停止下来，什么都不去做，享受生活中闲暇的乐趣。这样，虽然在每件事情上都达不到精通的程度，都不能给你带来很大的满足，但几项加到一起（包括闲暇），结果可能也不错，把一生中在各个领域里的小成就加到一起，也颇为可观。与那种"一条道走到黑"的活法相比，这种"灵活多样"的活法，有弊也有利。所谓弊，即是说你可能不能在任何领域里走到前沿，成为专家、大家，一生的成就在任何领域里都不十分显赫。而且每换一个领域，都有一个从头干起的问题，以前付出的一些努力也会白费（当然过去在另一些领域中取得的社会经验和社会声誉，在新的领域里也会多少起作用）。但好处是：什么都不必太费力、太痛苦，每换一个领域又有一种新鲜感，总不会觉得一件事已干到枯燥乏味的程度。既然各有利弊，那就要取决于每个人自己的选择了。

除了一些能力特强的天才，在什么问题上都能很快达到"顶峰"，一生能够在好几个领域成为专家，作出突出贡献的人（这在古代多些，在知识高度积累的今天恐怕是越来越难了），再除了那些天资实在弱一些、什么事都做不大来的人，对于大多数人来说，我想在一生中都可能面对这样的选择。一个人究竟选择走哪一条路，主要将取决于他的偏好结构和能力、性格等方面的种种因素。一个人对某一件事的偏好特别强烈，比如说就是想当大官，或者就是想发大财，或者就是对别的事情兴趣都不大，觉得不值得去为之费哪怕不大的力气，而只是想在某一科学研究领域里取得点成果，那他就会倾向于"一条路走到黑"，也就显得有毅力去经受长期打坐的煎熬；而生活兴趣较为广泛、并无什么十分确定的目标、对许多事情都能一视同仁地加以"高度评价"的人，则较容易"见好就收"，走一条多样化的道路。从能力上看，生活能力较强、什么事都干得来的人，由于其选择余地大，就有可能走多样化的道路，而若一个人的能力、天赋本身比较"专一"，只能干一样，干不了别的，他也就只能目不斜视地沿着一条路走到底。在这个问题上，性格因素同样起作用，有的人执著一些，总想着一件事要么不干，要干就要干出点样来，非要争强好胜，于是就有了"坚韧不拔"的气概，不见棺材不落泪；而性情比较随和"活泛"、心眼比较灵活的人，则较容易做到适可而止，但求有事可做，不求十分精通。

当然，在决定选择的各因素中，还有一个重要的外在因素，即社会环境许可。过去我们国家"人才不得流动"，不仅是"终身制"，而且是"终身不得改行制"，于是大家都只能进了一行就去钻一行，不管收效如何，结果一方面是有人真的被"逼上了梁山"，几十年如一日地加倍努力真的取得了一定的成果，有的人只好在"打坐"与"偷闲"之间作一无奈的选择，而不能在"术业专攻"与"多样化人生"之间进行选择。现在体制发生了变化，人们的选择余地大了，"多样化"道路才有了可能。现在我们社会上，选择走多样化道路的人的确多了起来，形成了若干种不同的"模式"。比如，在我们熟悉的人当中，有些人就选择了"多样化"的道路（当然，有的人是出于无奈，而不是自愿）。先是读书，拿了学位，但并不继续搞研究、做学问，而是早早转向"仕途"，干了几年之后，形势变化，又去经商，前前后后都颇令人羡慕：学位拿到硕士、博士，官位升到副局级、局级，然后又开始成为经理，做起几百万、几千万甚至几亿元的大买卖，将来还未可知有什么造化，反正是丰富多彩，提起过去做过的工作，既可以说"那领域我不适合，罢了"，也可以说一句"那玩意儿，干过，没劲，歇了"。老来还可写几本挺不错的回忆录，不像我们这些仍在一座庙里打坐的和尚单调乏味，回忆录都没什么可吸引人的。

总之，前面提到过的林语堂先生所推崇的那种"中庸之道"的生活方式，又在这里以一种较为积极的方式得到了论证——"多样化"的生活道路，并不推崇闲适，甚至根本没有闲适，反而也是不断地进取，付出很大的努力，不断开拓新的领域。只不过避开那长期"打坐"、收益递减的阶段，通过在几个领域里的"小成就"的加总，最大化一生的"总成就"。至于两种方式最终得到的"总成就"究竟哪个更大些，虽然要取决于社会的评价，但在具有不同价值偏好的个人之间，也很难进行什么横向比较。你认为事事有成、丰富多彩些的好，他却可能认为与其事事都不突出，还不如在一个领域里成一"大家"，作出点他人作不出的贡献更有价值。不过如果把"风险"问题也考虑进来，我们却能给"多样化"道路的优越性提供一个论证：它更"保险"一些，因为前面说过长期修炼，虽然存在着有朝一日柳暗花明、板斧一挥如入无人之境的可能，但毕竟只是一种可能，还存在着不能取得"正果"、不能修成"正身"的另一种可能，在选择之初是很难预料的。你一旦把大量的时间精力都投入了进去，到头来发现不行已经不能再回过头来重走一遭了。而"多样化"的道路，由于在每个领域收益都比较有保证，则比较有把握取得预期的效果，甚至还有在一个领域里"撞个大运"的可能，至少不会太亏，所以总的说来比较"保险"。

　　不过，与对其他问题的分析一样，笔者在这里并不想把哪一种生活道路向读者特别地加以推荐，而只是建议读者根据自己的特殊偏好、特殊条件作出适当的选择，就像笔者欣赏"中庸之道"，但不像有的人认为它是一切生活方式中"最理想"的生活方式，而只是对于某些特定的个人的一种特殊的最佳方式一样。"多样化"道路和"专一化"道路，应该说对于不同的人来说都可能是最佳选择。对你是最佳的，对他来说就可能不是最佳的，因人而异，因条件而异，不存在绝对的"最佳"，需要每个人自己来加以评判、加以选择，同时谁也不要因自己选择了这条道路，就说别人走错了路，是傻瓜或是白痴，功名心太重或太不求"上进"。从社会的角度说，我们其实也需要生活方式的多样性，大家都根据自己的特殊情况走一条有自己特点的路，我们这个社会也才能人尽其才、各司其职、各人作出各人独特的一份贡献，社会也才显得不那么单调，那么死气沉沉，社会生活也才显得气象万千，大家都心情舒畅。

第十章

预期与风险

    在生活选择过程中，一个困难的问题在于，无论是在走上人生之旅的初期，还是一个人老了之后回过头来审视走过的一生，自己究竟擅长做什么，怎么判断自己的长项、短项，恐怕没有人能完全说得清楚。因为在开始的时候，你对自己一无所知，而到了后来，一旦投入了一项事业，就不能再在另一项事业上发展，从而使你事后无法再作什么比较和调整。一旦没有选对方向，在身不由己的条件下，各方面因素把你阴差阳错地投入到某一专业上去之后，调整起来成本可能很高。比如进大学后，转个系或转个专业也得费一番工夫，如果已经学了几年，再放弃这个专业从头学另一专业，原来投入的大量时间精力有很大一部分会废掉（在经济学中，这称作"沉淀成本"，就是说，沉下去再也捞不回来了），所以逼得人们只好沿着已走上的

路继续走下去。因此，对于青年人来说，根据自己的
能力特长选择自己的学习方向和工作专业，显得特别
重要，特别不能"掉以轻心"，多以长远的观点分析我
们自己、分析我们面对的社会。

预期的作用

在我们选择的时候，一个起着重要作用的因素就是"预期"，也就是对各种事物将来发展的趋势，作出的一种事前的估计、预测、判断，比如对社会发展状况的预测，对我们个人家庭生活状况变化的估计，对我们所做的事别人有什么反应的猜测，对市场行情走势、政治风云变幻、对科技发展新潮流所作的判断，以至于对自然界变化趋势，明天是否刮风、后天是否下雨等的预测。总之，是我们对未来发生事件作出的一种事前主观判断。在生活中，不仅我们过去经历过的事情和现在正在我们周围发生着的事情，会影响着我们需要作出的选择，对将来的预期也决定着我们的选择。比如，如果预期改革开放将继续进行下去，政策"一百年不变"，市场经济将来会有更大的发展，我们有点钱就可能琢磨着如何去投资，去搞个公司什么的，在国内好好建基立业，以求发展；相反，如果我们预期政策过两天就会变，又会回到"一大二公"的老路上去，我们有了钱就可能更想把它吃光花净，买八千元一件的西装，一万六千元一块的金表，或者，钱再多点，就会想着如何买个外国护照，把钱换成美元存到外国银行去，将来以移居国外为"最终归宿"，那些宝贵的资金连同人一起，也就因此而被"配置"到了国外，不再在我们这个急需资金的穷国里发挥作用。预期不久物价要大规模上涨，我们便会去买黄金、换美元，到商店里去抢购，吃的用的，有用的没用的，只要能放在家里三天不烂，就买回来放着，以求使手里的钱（包括先前在银行存的款）实现"实物保值"；相反，若预期物价稳定，一时不会有大的变化，我们就可能会多存点钱，留着以后买真正需要的东西。预期股市看涨，我们就买进股票；估计明天要下雨，我们就约人打扑克，若天气预报说晴天，我们就可能计划着出去郊游。有的人当前并不很富有，但却很敢花钱，敢买贵东西，甚至借钱买东西，除了可能比较注重当前享受、具有"今朝有酒今朝醉"的性格特点外，另一个原因就是对自己将来挣钱的能力"看好"，相信将来自己还能挣大钱，"天生我才必有用，千金散去还复来"，所以现在不在乎。美国的银行在给医学系、法律系学生贷款时最慷慨，原因也正在于预期这些学生将来收入一定没问题。由此可见，"预期"本身就能"当饭吃"。相反，若我们对自己今后的收入增长信心不大，或者我们将要从事的那个职业"行市"看跌，甚至会出现失业，那么我们尽管现在收入很高，手面也不会太大。岁数大点的人显得"抠门"，可能的原因之一，就是他们预见到快要退休（或已经退休），收入已难以再有多大的提高，所以得省着点花钱留点后手了。花"公家的

第十章
预期与风险

钱"，许多人不那么"算计"、不那么在乎，能花就花，其实也是"预期"到过了这村可能就不再有这个店，"有权不使过期作废"，现在不花，不一定就能留到以后再由自己来花，像自己的钱早晚还是自己花那样。

多数人其实都是有点"长远眼光"的，遇事都能瞻前顾后，把对未来很长时间的预期都带到当前的选择问题中来，作为"决策"时需要考虑的一个因素，并能根据预期的变化，不断调整自己的行为。真正的"近视眼"，即那些只看到眼前的一些事件，不想将来如何的人，其实不多。在如何"花钱"的问题上是如此，在职业选择、生活安排、处理日常事务、交朋友搞对象等事情上也是如此。我们在选择学习专业或职业的时候，总该想一想几年、十几年之后，这一专业对于社会是否有用，是否有较多的"晋升"机会，是否能使你在岁数大一点的时候有一个比较稳定的收入。"铁饭碗"对大家的一个吸引力，就在于可以不作"失业"的预期，不必为将来收入不稳定而担忧。在一个政府比较强大、法制比较健全的社会中，罪犯会减少，大家都显得比较安分守己，即使有很多投机取巧的机会也不去利用，就是因为人们会预见到自己犯罪被抓住、受到惩罚的可能性较大。中国古时杀犯人好搞游街示众，并戴上高帽子让众人老远也能看到，甚至"当众砍头"，其目的就是要通过那一颗将要落地的人头在更多的人心中建立起犯罪要受惩罚的预期，达到所谓"杀一儆百"的效果。相反，如果政府执法不力，名义上有了法，但有人犯了法却不能认真缉拿、依法惩处，法律就成了一纸空文，社会上的罪犯必然也会越来越多。人们的预期，不仅是依照法律条文的那些文字建立的，也是根据实际上依法被惩处的可能性大小，也就是那些法律的实际"权威性"而建立的。在中国农村的许多地方有的人先富起来，周围的乡亲以至于大小干部都去"吃大户"，"摊派"也越来越多，当事人却不敢拒绝，维护自己的合法权利，原因之一就是在目前仍然起作用的"均贫富"的传统观念之下，人们可以预见到今天拒绝了"吃大户"，得罪了人，今后在这一方土地上的日子就不会好过，没有人再与你合作，甚至上上下下都会与你作对、设置障碍，造成更大的损失，还不如认"吃"。如果没有对事后结果的那么一种"预期"，我想多数人都会拒绝那些无理的"吃大户"行为。

预期的形成，当然主要依据的是过去的经验、已有的知识和在此基础上对未来的分析、预测。"能掐会算的"一般都是那些阅历深、知识多的人；对要预期的事物了解越多、越深，预期越是准确。但是，在这件事上，人的性格和经历往往会起很大的作用。比较"乐观"的人、以往一帆风顺的人，容易把什么事都多往好处想，往容易办成的方面想；而比较"悲观"、经历曲折、挫折较多的人，则遇事容易多往坏处想、往难处想。

两者相应作出的决定自然也就会有所不同，甚至作决定的方式、速度也会不同，前者会显得更积极一些，说干就干，不为将来"留一手"、顾虑不多；而后者则趋于保守，不仅显得犹犹豫豫，轻易不着手采取行动，容易作出"否定"的选择，而且要对将来可能发生的问题采取一些预防措施。

不过据我个人的体验和对周围人们的观察，人的"预期方式"通常是不断发生变化的，一个基本的趋势是，随着年龄的增大、经历的事物增多，人们会越来越趋向于一种较为"悲观的"预期。青年人容易较多地按自己的幻想来预测未来，而年纪大点的则更容易估计到现实中的种种困难，甚至过分估计困难，导致真正的保守。这当中的道理也很简单。实际生活本来是充满矛盾、充满困难的，与我们的"理想"境界有很大的差距，不存在按照我们的愿望设想出来的"十全十美"的事物，所以，经历的实事越多，幻想越少，对困难的估计越多：首先是对自己的期望值开始降低，认识到自己的能量有限，能做成的事情其实不多，什么事都只能一步一步地走，一个困难一个困难地克服，不可能一口气吃成一个胖子，再拼命也不行，于是学会了凡事都"悠着点劲干"，不能太着急；其次人对社会进步的期望也逐步放慢，意识到社会弊病只能一点一点地克服，要经历漫长而痛苦的时间过程，不能指望一夜之间正义战胜腐败、善良战胜邪恶、真理战胜谬误；第三在纸面上改革一项规章制度容易，一夜之间即可完成，但要改变旧体制下形成的传统习惯、思维方式、道德观念，却不可能一蹴而就。有好几次，我们一些中青年学者聚在一起讨论中国改革的前景，讨论我们这一辈人还有没有希望看到一个比较完美的经济体制的最终建立，讨论来讨论去，无论多么不甘心、多么不情愿，还是得承认，我们这一辈人，恐怕是见不到那一天了，从现在起算三四十年的时间，对我们来说，要在各种社会冲突中度过一生了，我们可能就是属于"过渡的一代"。

我常想所谓一个人"成熟"或"老成"的标志之一，就是他"预期的高低"：越是"成熟"，预期越低——不再幻想世上有什么十全十美的东西，不再期望我们的努力会有完美的结局，不再指望做什么事情都是能"一帆风顺"，"万事如意"，"心想事成"，"一蹴而就"。二十来岁的人刚结婚后婚姻容易不稳定，其中的一个原因就是心目中那种"理想伴侣"的幻影还未消失，还期望着有朝一日一定会碰到一个十全十美完全符合自己要求的如意郎君或如意夫人。年龄更大的人结婚就比较稳定，是因为这时人们已认识到天下其实不存在十全十美的人，更不存在与自己的那一套特殊"偏好"恰恰相吻合的对象，不是有这点毛病，就是有那点毛病，同这一位结婚与同另一位结婚，不过是用这一种缺点去与另一种缺点相交换，用这一种不合意去换另一种不合意，对自己碰上如意伴侣的"运气"不再抱什么期

望，期望值越来越低，看看自己已经找到的这位，原来已经很
不错了，于是不再"心比天高"，不再作不切实际的幻想，婚姻
自然也就少了一些根本性的不安定因素。

青年人容易事事多往好处想，年纪大点的人容易多往坏处
想；多往好处想者敢想敢干，容易"冲动"，多往坏处想者则容
易趋于保守，遇事畏首畏尾，强调困难，安于现状，不求进取。
这一普遍的趋势反过来也说明一个社会确实需要年轻人来维持
乐观的生机和积极进取的精神——"期望值"高，定的目标也
高，没有事先想到的困难，它该发生也会发生，到时再作调整
也没关系，无非是出现一些"曲折"，但若"期望值"低，目
标定得也低，从一开始就可能不是积极地采取行动，结果社会
的进展总不能取得突破。随着年龄的增大，我时常提醒自己不
要酒足饭饱之后，一边剔着牙花子一边教训比我年轻的人："太
毛躁，把什么事都看简单了!"

"风险" 的把握

"预期"指的是对未来事物的一种估计、判断，预期正确与
否，首先取决于你对实际情况的了解和对事物发展规律的认识，
你了解得越多、认识得越深，预测未来就可能越准确。但是由

于预期是对未来的预期，未来的事还没有发生，你对过去和现在已经发生的事了解再多、认识再深，仍不足以准确地把握未来，总有些将来才发生、才出现的因素会影响到事物发展的进程；未来的一切对我们现在的人来说，总是有那么点"不确定"的，至少总会是一种"或然事件"——有百分之几的可能性会是这样、百分之几的可能性会是那样，谁都不能说百分之百一定是那样，那种一张口就说百分之百一定怎样怎样的人，其实百分之百地是可疑的。这样，当我们作出有关未来的任何决定、任何选择的时候，总是在某种程度上冒"风险"——事情的结局，有百分之几的可能性会是成功，但也有百分之几的可能性要失败。彩票（有奖销售、有奖募捐等）卖了一百万张，其中有一个人能得大奖，那就是说你买一张彩票就是冒了百万分之九十九万九千九百九十九的赔本的可能性，得奖的可能性只有百万分之一，所以在美国，有人说买彩票中大彩的可能性比坐飞机从天上掉下来的可能性还要小得多。赌博的道理也是这样。据说有一次美国大赌城拉斯韦加斯的老板们以优惠条件请全美的物理学家们到赌城去开年会，希望也像以往其他会议那样，旅店费上赔本，但从客人投下的赌资中大赚一笔。但这一次是物理学家们来开会，谁都明白赌博中赢钱的"概率"是多少，结果根本没人去下赌，老板们大赔特赔。天气预报不可能总是百分之百准确，预报今天晴天，我们出门不带伞，多少总是冒

第十章
预期与风险

了点下雨挨淋的风险。一种股票过去赢利率再高，明天也可能下跌，我们买下了这种股票，多多少少总是冒了一点亏本的风险，"买股票一定发财"，是在股市建立初期特定条件下形成的一种错误预期。股市跌落了几次，那么多人赔了本，大家才变得清醒起来，懂得了股票既带给我们赢利的可能，也使我们承担了"被套住"的风险。

一般说来，决定一件事成败的因素越少、越单纯，风险也就越小，因为起作用的因素越少，我们越容易加以控制、加以把握，防止意外事件发生。如果决定事情成败的因素不仅少，而且主要取决于我们自己的主观努力，那么风险就相对更小，因为这时我们就更容易将事情置于我们自己的控制之下。相反，决定一件事成败的因素越多，越是不由我们自己的主观愿望与努力决定，而是由许多外在的、客观的因素决定，我们就越是难以把握事物的发展进程，风险也就越大。由此推论，不同的"职业"，风险大小是不同的。一些"社会性"比较强、不仅取决于个人能力、天赋和努力，而且还较多地取决于"天时地利人和"等各种社会因素，取决于人与人之间相互制约关系的工作，则风险较大。比如当官从政，个人素质、天赋条件和努力勤奋等固然重要，但能否飞黄腾达，在很大程度上还往往取决于"运气"，取决于你是否恰巧碰上了赏识你的"上司"，这个"上司"又恰巧能"通天"；取决于你是否恰巧从事了一项得到上面重视的工作，身处一个恰巧受到重视的地区或部门；恰巧在你主持工作时风调雨顺而不是连年遭灾；任期内有没有点能够显示才能、抛头露面、引起世人关注的偶然事件发生等等。总之，有许多因素不在你自己的控制范围之内，"或然性"比较大的，风险也就较大。一次会议我赶上了还是没赶上，参加了还是没参加；一个人我认识了还是不认识，"跟"了这个人还是没"跟"这个人，一件事做了或没做，都可能导致平步青云，或是一贬到底；今天投票可能 51 票当选，明天投可能就只有 49 票，一届几年，下次形势已经大变，不论你能力多大，为人多么正直，多么有为民服务的宏伟抱负，也没有办法。经商投资办企业也是"社会性"很强的事。首先是市场行情、需求结构瞬息万变，完全不取决于我们自己，影响一种商品价格的因素可以说是无穷无尽的，理论上说世界上一个最遥远的角落发生的一点小事，可以影响到深圳股市发生一次波动。非洲丛林中一只青蛙吃了一只蝗虫，可能避免了一次大的蝗灾，而没有吃掉这只蝗虫，到头来可能爆发世界性的经济危机，都是说不定的事。其次是他人的竞争。你想做成一笔买卖，对方可以和你做，也可以和别人做，你费了很大的劲，几乎什么都办成了，不定谁插进一杠子就能吹掉。中国的市场还不成熟，这对有的人来说风险较小、把握较大，因为有关系、有权力，能够垄断市场；对另一些人来说，就更是捉摸不定，因为你不知要走什

第十章
预期与风险

么门子、过什么关卡、向什么人"上贡",甚至"上多少贡"、能否管用等都是不确定的,因为没人会在这个问题上对你"明码标价",你得自己去猜,而且对方是在凭着公权谋私利,你的开价对公家来说是一笔很合算的大买卖,别人的开价比你高,本来你可以做成,但只因你没照顾好"私人利益",而别人对私人"上贡"上得多,结果他做得成而你做不成。经商的人迷信的多,香港的大小店铺都供着财神,一天香火不断,除了与文化背景、文化水平有关外,与这一行当本身受外界因素影响较大、自己的小命总觉得在受外界神秘力量的操纵是分不开的。当兵打仗当然风险就更大,枪子满天飞,中弹者壮烈牺牲,幸存者有本事能吃苦定能当将军,但首先取决于你是否幸存。相反,另一些职业,像搞科研、当教师、做编辑记者、搞文学艺术、靠手艺吃饭的人,虽然不能说没有机遇的问题,人际关系之类的东西不是不起作用,但总的来说风险较小,只要自己有才能又努力,总能一步一步取得点成绩,成绩即使不大,也不至于赔本、坐牢、大起大落。有人总看着没什么本事的人凭着运气好发大财、做大官,令人羡慕,而自己满腹经纶、一身绝技,却要辛辛苦苦不断努力地做个研究员、工程师、画家,但你得想到,对那些能因运气好而鸡犬升天、吃喝玩乐的人来说,也会发生因运气不好而灭门九族一贫如洗的事。不凭运气吃饭的人,那碗饭吃起来则相对较为保险,不一定大贵,却也不会有什么"灭顶之灾"。

银行存款吃利息虽然保险，却偏有人要拿钱去买股票、买彩票；不同的职业、不同的活法，风险不同，稳定性不同，却都有人去干，除了个人能力与志趣等方面的差异，以及最初走上某种生活道路时的一些偶然因素之外，也取决于人们对待"风险"的态度，这可以说是人的"性格"在选择问题上所起的又一种作用。有的人不大在乎风险（这在理论上就称为"风险无谓型"性格），甚至喜欢冒险（"风险喜好型"），冒险的刺激本身就是一种"乐趣"、"满足"，不管有多大的风险，失败的可能性有多大，只要有一线成功的希望，并且一旦成功收益很高，也会冒险去干，不惜孤注一掷，于是较容易选择那些收益高但风险大的事做。相反，那些"胆子"较小，比较求稳的人（称为"风险回避型"），便较容易选择较为保险的生活道路。这种人可能不是不求有所成就，但却也希望能比较稳定，不受那么多外在因素的支配和摆布。（当然，对"风险"的态度有时也与是否有耐心、甘愿吃苦耐劳，靠自己的不断努力而谋生的性格因素相关，因为在那些好"冒险"的人当中，有一类之所以宁愿去冒险，是不想自己多费力气或没有耐心靠长期努力去取得某种成功，而只想撞运气，投机取巧，只要有可能一下子"发迹"，哪怕会冒很大的风险也在所不惜）。

这绝不是说人们选择做什么不做什么，主要取决于对风险

第十章
预期与风险

的态度，因为事实上志向、能力等因素可能起着更大的作用，但仔细分析一下，我们在作选择的时候，总会有意识无意识地考虑到风险的因素：成功的可能性有多大，失败的可能性有多大，若失败后果有多严重，等等。一个人如果历来运气很好，比如抽奖总能获奖，关键时刻总有"贵人相助"，遇事总能逢凶化吉，总能心想事成，等等，就可能不那么在乎风险；而一个人若历来没什么运气可言，抽签总抽"下下签"，什么事非得靠自己付出很大努力才能成功，又生性较为独立，不愿事情受一些自己无法控制的因素摆布，就较容易形成回避风险的态度。就我个人来说，我想我是属于不大有"运气"的一类，一切抽奖、撞大运的事，总是落在倒霉那部分当中。在美国的两大赌城里小小地玩过，都是几十美元不到半个小时就一路输光；从小到大，虽然并不特别地"走背字"，但也从未有什么特别的好运临头，凡事都要靠一步一步地学习、一点一点地做起，所以也就对风险看得重一些，不敢轻易做那些风险较大的事，看不准，没有至少六分的把握不敢轻举妄动，以至于虽然搞经济、鼓吹股份制改革，却连玩股票也不感兴趣，有了钱还是觉得买了东西先用上比较保险，连存银行都生怕通货膨胀率一高吃了"负利息"（理论上说，我们存款的实际利息率，等于名义利率减去通货膨胀率的差，通货膨胀率一高，实际利率就成了负的）；总觉得经商做买卖一类的事，别人可能谈十笔能成三笔，而我谈二十笔也不一定能成一笔，再加上对"独立性"有较强的偏好，尽量避免受制于人，所以也就只好选读书搞研究这种比较稳定、主要取决于自己努力的事干干。搞社会科学理论研究在有人看来也有风险，比如说搞不好会出"政治问题"，但实际上，只要你的价值取向是"科学论证"而不是"政治投机"，那么虽然在短期内可能会受到政治形势波动的影响，但从长远来讲"风险"并不大，因为只要我们真的想去探索真理，即使会犯错误，也总会一步一步接近它。而真理从长远来看是一定会站得住脚的，无论在一定时期内人们会怎么说。

人与人之间在"胆大"与"胆小"，好冒险与怕冒险的问题上，无疑是有差异的。但是单就一个人来说，敢不敢冒险，总是相对的。"胆子"再小的人，再稳健的人，如果一件事做成后收益实在太大、太诱惑人，他可能还是要去冒险。马克思在《资本论》中曾引用过当时别人说过的一句话："资本逃避动乱和纷争，它的本性是胆怯的。这是真的，但还不是全部真理。资本害怕没有利润或利润太少，就像自然界害怕真空一样，一旦有适当的利润，资本就胆大起来。如果有10%的利润，它就保证到处被使用；有20%的利润，它就活跃起来；有50%的利润，它就铤而走险；为了100%的利润，它就敢践踏一切人间法律；有300%的利润，它就敢犯任何罪行，甚至冒绞首的危险。"①用这样一句话

---

① 马克思:《资本论》，人民出版社，1975年版第1卷第829页。

来比喻我们一般守法公民的行为也许并不十分适当，但它的确可以表明在一般的行为方式中，收益与风险的相互关系。有时我们不愿去冒险，只是因为觉得"不值得"；一旦觉得"值"，再大的风险也不怕。比如现在许多人放弃铁饭碗，下海经商搞个体经营，是冒着一定风险的，他在作此决定之前，一定要把收益与风险都"算计"清楚：第一，这样做可能获得的收益是什么，有多大的可能性能够获得这样的收益（包括较高的收入与"独立性"，自我价值实现的乐趣等）；第二，放弃的是什么（稳定而悠闲的工作与工资收入、公费医疗、劳保福利）；第三，将要付出的是什么（辛劳、操心等）；第四，有多大的可能性会"破产"、经营失败、赔本等等。在其他任何选择问题上，基本道理也是相同的，只要看准了什么事情真正"值得"去做，我们都会去冒一定的风险。而且在什么"值"什么"不值"的问题上，各人的看法和评价是不同的。比如有的人不下海，显得"胆小"，其实根本的原因是别人觉得每月一万元的收入就值得一试，而他觉得并不值得为此而去冒险，相反，他可能不那么看重"利"，而更看重"名"，一旦有个什么能使其干大事、出大名的机会，在别人看来不值得，他却会甘愿为其而冒一番风险。所以，在评判一个人"胆大""胆小"的问题上，我们也要注意到一个人的志趣偏好的影响，而不能仅就他在某一个具体问题上显得有些保守，就轻易对他作出"胆小"的判断。

求解"人生方程"

以上我们从各个不同的方面分析了决定我们选择的各种因素。我们可以将以上分析的各种因素，按不同的方式加以分类，这样也许便于我们理清思路。

"人生方程"

与生活选择相关的各种因素，可以按不同的方法进行分类。一种分类方法是将它们分成两大类：内在因素与外在条件。

"内在因素"包括：(1) 个人的兴趣。(2) 偏好、志向等。我们前面着重分析的三方面的问题是：a. 个人对于 "当官"、"发财"、"做学问" 等事业的 "偏好" 或特殊志向；b. 努力干事业与还是尽可能 "悠闲" 不费力气的 "偏好"；c. 一个人对待 "他人" 与 "自己" 的幸福的态度。(3) 个人 "能力"，包括现有的知识、地位、关系、财富等，以及与能力有关的 "性格"，其中包括一般智力与体力条件的高低，以及一个人的能力和性格特别适合于做什么样的事情。

"外在条件"包括：(1) 社会环境，其中包括家庭环境与社会状况，这些因素决定我们个人的选择范围，决定着我们可能做什么，不能做什么；(2) 由社会发展水平和技术发展程度等所决定的 "投入产出关系"，也就是我们的努力与所取得成就之间的某种由当时外在条件决定的关系；(3) 社会需求的变化与社会上其他人与你的竞争关系；(4) 客观原因造成的信息不充分以及客观存在的各种 "风险"，这些因素会影响到我们对未来情况的预期和对"成功的可能性"或"失败的可能性"的估计。

显然，在我们选择的过程中，既要考虑自己的兴趣、能力等内在因素，也要考虑到种种外在条件。

我们还可以按照"目标、手段、条件"的分类方法将以上各种因素加以划分：

"目标"：我们生活的基本目标就是生活更加幸福（"最大幸福"），从各种事物中获得较大的满足，既可以包括我们自己个人的幸福，也可以包括在"助人为乐"中所获得的幸福；既可以是物质享受，也可以是精神享受；既可以是事业上的"成就感"，也可以是"悠闲"本身；既可以来自"升官"，也可以来自"发财"；既可以是因为有了发明创造，成就了经邦济世的社会事业，也可以是因为操持好了一个家庭。总之，"幸福"这个概念本身是很概括、很抽象的，但是却可以是由许多具体的幸福或满足构成的一种"组合"。它可以仅仅由一种具体的幸福构成（比如对于"财迷"来说，唯一的幸福仅在于赚了更多的钱），也可能是由许多种具体的幸福同时"加总"而成（比如那种生活道路"多样化"的人，其"总幸福"就是由多种成就的满足感共同构成的）。各人的"偏好"不同，对各种事物的"评价"不同，对不同的人来说，幸福的含义与"结构"也就不同，各自生活目标的"结构"也就不同。

"主观手段"：在任何问题上，我们能利用追求我们的目标的手段，都只是我们自己拥有的东西——我们的时间、精力（体力与智力）、知识、经验、财富、权力、社会关系等。青年人刚走上社会，可能只有自己的时间与精力，知识还不多，其他东西更没有；有的人在这几项中可能有的多些、有的少些，比如有的人只有知识，而没有财富、权力与社会关系，有的人却只有财富、权力，而没有知识，等等，也是因人而异，每个人就以自己特有的一些手段，付出一定的努力，去追求自己特殊的目标。在追求的过程中，有些手段会逐步增多起来，强大起来，这就更有利于目标的实现，其实也正是你逐步接近目标的一个过程。"手段"的概念，不仅包含了我们自己先天的能力，也包括了后天获得的经验、财富等，包括了一些由别人创造出来的科学知识与技术。它们一旦被你掌握，就成了你的"生产力"的一个有机组成部分。

"外部约束条件"：也就是我们在追求幸福最大化过程中所遇到的各种社会与环境制约。我们之所以总感觉不能彻底满足，觉得生活还可以更好，而我们却不能"更幸福"、"更满足"，原因在于首先我们自己拥有的"手段"或能力是有限的，知识是有限的，对各种信息的掌握是有限的；其次，受到许多自然与社会、历史与当前的外部因素的制约，其中最主要的就是社会经济制度的制约和人与人之间相互竞争关系的制约。比如，你想发财，我也想发财；你想占领一个市场，我也想占领一个市场，但市场是有限的，就这么一个，你占了我就不能占，或者咱们只能划分一下，各人只占领一部分。所以，人与人之间相互制约，"我也想发财"这件事，就成了限制你发财的一个制约因素。

总之，我们就是在各种约束条件下，利用我们所拥有的各种手段，追求我们生活中的"幸福最大化"。

经济学现在在很大程度上已经数学化了。对于以上这个人生的选择问题，我们也可以用数学的形式加以表达。我们把"幸福"作为我们一生所追求的一个一般的目标，而根据前面的分析，幸福可能来源于生活中的许多事情，如"升官"、"发财"、"做学问"、"搞好家务"、"闲暇"、"助人为乐"等。对于一个人来说，这些事情以一种独特的方式与自己的"幸福"相联系。一种比较简单的联系方式是每种不同的"幸福"可以直接相加到一起，构成一个人的"总幸福"：首先，每种事情（"升官"、"发财"等）都以某种方式对一个人提供幸福，这样"幸福"就表现为这些事情的"函数"。如"F1（升官）"表示"升官"这件事对一个人所提供的幸福，"F2（发财）"表示"发财"这件事所能提供的幸福等等。我们称这些函数为各种事情对一个人来说的"幸福函数"。其次，我们假定不同事情所提供的幸福之间并不相互发生影响。这样，将不同的"幸福函数"直接相加到一起，就可得到一个人总的"幸福函数"：

幸福=F1（升官）+F2（发财）+F3（做学问）+F4（搞好家庭）+F5（闲暇）+F6（助人为乐）……

这一 "幸福函数"，可以说是我们人生选择问题的 "目标函数"。不同的人 "偏好不同"，就表现为上述幸福函数的结构不同，具体地说是种种事情对一个人的幸福的 "贡献方式" 或贡献的大小有所不同；不同事情对于每个人来说的 "幸福函数" F（x）不同，因人而异。比如，有的人 "升官" 提供的幸福 F1（升官）较大，有的人则 "发财" 提供的幸福 F2（发财）较大，前者就会较容易选择去从政，而后者则容易倾向于去选择做挣钱较多的事；另一个人则 F6（闲暇）较大，他可能就倾向于为自己设定较低的 "事业" 目标，从而使生活更轻松一些。

问题的另一个方面是在作选择时，我们还要面对各种主观与客观的 "约束条件"，既有我们自己能力、性格方面的内在条件，也有社会环境、社会需要等方面的外部条件；有客观条件，也有主观条件，比如对信息的掌握和对未来的预期等。这些因素决定着我们能做成什么、不能做成什么，做什么更省力、做什么更费力，做什么能取得较大的成果、做什么可能收效不大，等等。这些条件在数学上就会表现为一组（而不是一个）约束条件。人与人之间的差异，也表现为各人所面对的 "约束条件" 的差异。比如说有的人能力更适合于 "升官"，有的人则更适合于做学问，等等。这些则从另一个方面决定着每个人的选择。
这样，我们的人生选择问题，就可以表现为在这一组约束条件
下，对以上的"幸福函数"求"条件极值"，以求得一生幸福
的"最大化"。

"理性"是否存在

我们的每一次选择，实际上都是在各种因素的作用下，有
意无意地用我们的"理性"对上面所说的复杂的"条件极值"
问题求解之后作出的。

记得 1982 年我刚考入中国社会科学院研究生院的时候，第
一周进行入学教育，校领导要我们学习文件，端正入学动机，
检查一下自己是不是为了"考一个北京户口"而上研究生院，
为了个人成名成家而读研究生，我们应该要树立为祖国、为科
学而努力读书的正确目标。辅导员组织大家讨论，轮到我发言
时，我说：如果说到"考户口"，我就是想着要"考户口"；北
京市把我"发"出去 13 年，我一直耿耿于怀；我的父母家人都
在北京，北京是全国的文化中心，我就是想考研究生考回来，
回不来就要继续异地他乡、两地分居、长期痛苦。说到个人
"成名成家"，我当然想成名成家，考试就是想考好点，就是想

"拔尖",考不上就觉得个人面子不好看,学习上也是一样的道理。但同时,也不能说我们就不想为祖国的社会科学事业贡献点力量,不想为我们民族的振兴做点事情。我想我就是既为国家、也为个人,既有事业上的考虑、也有生活上的考虑,在这么一种复杂的动机之下,我根据自己的条件和其他各方面的种种考虑才考的研究生,才选择了这么一条人生道路,要让我说一心为革命,一心为祖国,不现实,说了也做不到。其他同学们发言时,仔细分析自己的"入学动机",其实也都是各有各的考虑,都不能简单地归结为某一种特定的、单一的"好的"或"不好的"动机。实际上,我们生活中每迈出一步、每一个决定,后面都会有十分复杂的原因,是由多种因素决定的。理论的作用,就是要把各种因素加以整理、分类,使我们分析起来更加清楚,在作选择的时候,更加自觉。

有人也许会说,我的生活(或者某些人的生活)根本没有什么目标,不过是当一天和尚撞一天钟,随遇而安,得过且过,混混而已,更谈不上什么"幸福最大化"。但是,仔细分析一下,你可能没有什么成名成家升官发财的目标,但至少也有一个目标,就是"得过且过"中的那个"过"——至少以"混得过去"、有碗饭吃、有件衣服穿为目标。前面说过,人与人之间生活目标可以是不同的。有人有"野心",有人没野心,或者在种种先天、后天的条件制约下想有大的目标也不可能(比如

"无产阶级"受尽压迫、奴役，一没财产，二没受过教育，三没有权力与关系，所以想发财也发不起来，只好不去想这样的目标，这是"选择范围"受到社会制约的问题），所以干脆放弃，为自己的生活设立一个最低限度的目的：过得去（甚至，对于比如说"无产阶级"而言，是"挣扎在死亡线上"，以"不饿死"为目标）。但你不能说谁就没有一个目标。其次，对于那些混日子的人来说，也许你可以说他没有"最大化"什么，但你却可以说他在"最小化"什么——最小化他的"努力"，最小化他所费的力气，用最吊儿郎当的活法，来把日子"混下去"。这其实也在最大化着某种东西，那就是最大化"闲暇"，最大化"什么也不干"或"最省力气"。这样，他的生活目标其实也颇为"复杂"，因为也是由两样具体目标加总而成的：一是"混得过去"，二是"最大闲暇"。他也得考虑"机会成本"：你要是真的绝对地最大化了"闲暇"，一天到晚真的什么事也不做，甚至连"要碗饭吃"这件事也不愿花点力气去做，你就得饿死，就不能做到"混得过去"；而你要想混得过去，就得牺牲一点你的"闲暇"，至少那么一点点闲暇，去要一碗使你不至于饿死的饭吃。

有人也许会说我们在现实中并不是想"最大化"什么，而是为自己设立一个较为具体的、有限的、适度的目标，不去想自己达不到的目标。确实如此，但是这实际上是在说，当我们提出某一具体的目标时，我们已经把自己的能力或可利用的"手段"以及各种约束条件考虑进来了。那个所谓的"目标"，其实已经是在考虑了我们的能力和条件之后作出的一种具体的生活选择，而不是作为生活本身的一般目标，即幸福和满足。我们"最大化"的是幸福，是做成某一或某些具体的事情之后所得到的快乐和满足，而不是那些事情本身。

有人可能还会说，生活中我们做什么不做什么，根本不取决于我们选择不选择，我们爱好什么不爱好什么、能干什么不能干什么，而都是"迫不得已"，非得这么干不可。比如说我根本不想干活，只是因不干活就没饭吃、过不下去才去干活；根本不想干家务，只是因为我不干就没人干，我又请不起保姆，不干就没饭吃，家里像鸡窝，所以才非干不可，根本不是取决于我的选择。持这种想法的人我想是混淆了"偏好"与"限制条件"——不干活就没饭吃，所以"非干不可"这个事实，其实是因为你的条件决定了你的"选择"范围，限制着你只能"选择"干活，而不能选择别的，比如说选择"不干活"。你如果每月有5000块钱来自祖传资本的收入，你的选择范围便宽了起来，那时你就"可以"选择不干活，不仅不去工作，连家务活也可以雇一个保姆来干，你自己成天吃饱了就睡也行，整天上山打鸟也行，躺着看书也行，总之你的选择范围就允许你选择"不干活"了。可是换了个人，他与你的偏好不同，即使有那么多钱，也可能不成天闲逛，而是选择仍然去干点合他兴趣的工作，不过那是他的特殊选择，而不是你的。

还有人也许会说，按着我们这么一分析，"选择"的问题似乎显得反倒复杂起来了，而在我们的日常生活中，甚至在许多重大问题上作决定时，完全不是那么左思右想，一个因素又一个因素，一拍脑袋什么事就定了。理论有时的确令人"讨厌"，原因就在于它似乎总是在把挺简单的问题"复杂化"，因而好多东西都显得那么"多余"、那么"没用"。其实，再简单、再容易作出的一个选择，也是在各种因素共同起作用的情况下作出的，只不过生活中的许多问题在一些情况下甚至在绝大多数情况下，第一，哪个好哪个坏十分明显，一看便知，用不着多想，用不着一个因素一个因素地分析；第二，由于一种或一类决定作的次数多了，形成了某种较为固定的直觉、习惯或"思维定式"，事到临头，已不再需要把什么都重新考虑一遍，只要"拍拍脑袋"，按照那种直觉或习惯来办就行了，而一旦出现了一些全新的情况，各方面条件发生了较为重大的变化，旧的"生活法则"不再适用，要我们作出一个比较复杂而又影响深远的选择、决策的时候，才需要我们"三思而行"。只有在这个时候，"复杂的"理论才会有其用武之地，因为它可以纠正单靠"直觉"或习惯所可能得出的一些错误结论，帮助我们"理清思路"，作出较为正确的"算计"。只有在常识、直觉等不能解决问题的地方，在社会发生较大变动的时期，理论才能显得特别有用，而在日常生活中，在经验与习惯占支配地位的场合，理论的确是无用的。

还有人会说，对选择的问题作了这么多的分析，但到头来还是没能提供一个简单的公式，告诉人们在一种情况下怎么做，在另一种情况下又怎么做，这样的分析又有什么用呢？其实，那些动不动就 "教导" 人们应该怎么怎么做，一定要吃什么药、打什么针、走什么路、过什么桥的 "理论"，才是真正没用的理论。我们在生活中面临的选择问题是千变万化的，生活本身、我们所处的条件、环境等也是千变万化的，得有无穷多个具体的 "药方"，才能顾及到无穷多个具体情况，让理论家给每一个具体情况一个具体的解决办法，这根本办不到；给出几个有限的药方，让人们照它们去办，一定不能适应所有的具体情况，情况一变还照它吃，一定吃错药（"教条主义" 其实就是这么一回事）。你要是遇到一个理论家，告诉你他可以开出一个或有限的几个 "包治百病"、"以不变应万变"、无所不灵的 "绝招"，那么请相信我，你所遇到的这个人一定是个骗子。理论的真正功用在于提供一种在分析过程中思考问题、解决问题的方法。一个具体的药方只能适用于一种具体的情况，而开药方的 "方法"，则可以适用于各种情况。

偶然性的作用

不过，必须承认的是，理论虽然是把实践中的东西加以概括、总结、归纳的产物，但却永远不能反映实践中的全部情况。我们前面分析的影响选择的因素，只是一些较为主要的因素。在现实中，当我们面临一个具体的选择问题时，还会有许多较为次要的、有时是很偶然出现的因素，它们也会影响到我们的决策，比如当时的情绪好坏，碰到一件好事或一件坏事，刚生了一场病，刚听到一个故事或一个谣言，刚做了一个梦，触景生情、见物思人，等等，难以穷尽。一件小小的事情也会对一个重大的决策产生某种影响，而且往往很难说它们以何种方式发生影响。借用物理学中的术语，这些较小的、较为次要的因素，可以被统称为"噪音"，它会以一种不规则的方式对"演出效果"产生影响。

如果有什么例子可举的话，我倒想起，曾有两段音乐（"噪音"）十分偶然地在我一生中的两次较为重大的选择过程中起过一定的作用。

一次是在 18 年前，在我犹豫是否要从东北黑龙江生产建设兵团转到河北农村插队去的时候。1974 年，那时我已在东北当

第十一章
求解"人生方程"

了 6 年的农工,仍然看不出有什么出路;上大学当"工农兵学员"不可能,通过"招工"返城也不可能,连在兵团换个工作也不可能。9 月回北京探亲,没到一个月,连队里(那时我们每个农场都被称为一个连队)有人回来,告诉我在前一个星期,全连共喝了 5 场"大酒",打了 6 场"大架",刚收获的 3 万斤土豆和刚刚收获的 5 万多斤白菜,因为没人干活,没有及时入窖,全部烂在了地窖外边,真让人感觉是一片黑暗。在河北围场县工作的堂哥出差路过北京,知道这种情况后提出我可以设法"转插"到他那里去,换一换环境,但我十分犹豫。转插意味着放弃兵团农场国家职工的身份、待遇,由吃商品粮改为农村户口,而且意味着要丢下我在东北几年的努力,一切从头开始,离开我在兵团的朋友、同学,一个人去"闯荡江湖",去了之后还说不定结果如何,能否真的有出路、真的有转机?两相比较,各有利弊,因此很难下决心作出选择,犹豫得很,心情很糟。一天,在家闲得无事,从父母的一位老朋友那里借来一台老式电唱机和一些旧唱片听。那唱片中有一张是一位苏联作曲家(我已记不起名字)作的《黑龙江波涛》,圆舞曲式的管弦乐乐曲。我当时音乐听得还不是很多,欣赏能力还很不高,甚至还不知道《蓝色多瑙河》之类更著名的乐曲,但无论如何,那首《黑龙江波涛》却深深地打动了我。或许是由于它一下子勾起了我对黑龙江的记忆——我是见过黑龙江的!那宽宽的江面，深绿近乎于黑色的江水，两岸那起伏深远的山峦，赋予它十分独特的风格与韵律。特别是有一次深秋，傍晚时分我站在江边，西边晚霞满天，远处的山峦已是黑影，那深沉的江水，仿佛就是从那山中流来、从那天边流来，浑然一体，使你感到自然万物的博大、久远与永恒。这首乐曲雄壮、激越、深沉而又欢快，恰如其分地使你感触到了那涌动着的江水的主题。听着这首乐曲，眼前展现出世界那一尽头黑龙江畔的壮丽，我突然感到了个人的渺小、个人命运的微不足道。在大自然永恒的变动面前，个人短暂一生的变动简直不值一提、不值得多虑。这世上万事万物，生命的真谛，不是别的，正是运动，是变化，积极地变换着的存在的形式，不甘于现状地变动。江水存在的意义只在于它的流淌，山峦存在的意义只在于一年四季地改变着颜色，而生活的意义可以说就在于生活本身，在于"活着"与"活过"。为什么要问怎么活着？是苦还是甜，是顺利还是艰辛？苦也是生活，甜也是生活，生活就是生活，不必去管它是苦还是甜，问题只在于要生"活"，就像江水不流淌就不叫江水，黑龙江不那么雄壮就不叫黑龙江一样。你说不清这是为什么，究竟是什么，它们就是这么一回事，你就是能感受到它们！这就是我们这个人世的意义所在，是我们生活的意义所在。于是我突然觉得自己很可笑——与博大的自然和世界相比，我们个人的生活微不足道，而自己这么一个微不足道的个人在这么

第十一章
求解"人生方程"

一个微不足道的生活选择问题上还在犹豫不决！管他"转插"
之后会发生什么，在东北待不下去了，生活僵死了，换个地方，
再苦、再糟，仍然是换了一种生活，从原来的僵死之中得到了
解脱，在变化之中求得了新生，仅此就足以证明"值得"。当
晚，我就给我堂哥写了信，决定转插。几个月后，办成了手续，
从东北转到了河北。《黑龙江波涛》我以后再也没听到过。我去
美国买了几百张唱片都没有找到它，过了几年甚至都忘记了怎
么哼它，但当时听到它的那种感受，至今记得清清楚楚，以至
于记得它从那旧式老唱机上放出来时吱吱呀呀的音色。当然不
能说仅仅是因为听了这首《黑龙江波涛》我才决定走出"转
插"这一步，但若当时没有听到这首乐曲，第二天又发生了点
别的什么，在我犹豫的天平的另一头加了一点砝码，我后来的
生活道路没准就会按另一个方向发展，也真是说不定的。如果
事情很明显地显示出孰优孰劣，我们一下子就能作出判断、作
出选择，我们就不会犹豫，而正是在那些使我们犹豫不决、难
分高下、各有利弊的问题上，一些微小的偶然因素能够起到一
份举足轻重的作用。

另一次"噪音"的作用发生在美国。1986年春天，一位在
美国开小旅店的中国朋友请我为他帮忙开车去趟纽约。那是一
种为中国学生或中国移民开办的、专门招待中国来客的个体小
旅馆，主要是为那些来美作短期（两至三个月左右）培训或访

问的国内团体服务。波士顿周围有许多高科技企业，国内一些部门购买了这些企业的设备、技术，就会派人来此接受培训，由于时间较短，吃、住、行的问题都不好解决，美国的正式旅馆又太贵，于是应运而生了一些中国人办的简易而便宜的小旅馆。几个在当地工作学习的中国人合伙租下或买下一幢居民小楼，稍加改装，每间房子里放上两三张床，一幢楼可住二十几个人，条件当然比不上住正式的饭店好，但伙食费、交通费、旅游费都算在住宿费里，有专人给做中国饭吃，上班有车接送，合同上还写明住宿期间安排几次旅游，比如去纽约购物，去华盛顿参观，去尼亚加拉大瀑布观光，等等，每天每人不过才交20多美元，国家省了旅店费，个人省了生活费，办旅店的人又有可观的收入，"三全其美"，生意很不错。那次是周末，"店主"请我开车带客人们去纽约购物，240多英里，当天来回，有报酬，可以赚点外快，我又喜欢开车跑长途过把瘾，加上当时正为究竟将来是留在美国学习与生活，还是学习完成之后立即回国工作的问题而犹豫苦恼，烦躁不安，正好可以出去散散心，因此可算是一桩美差。

中午前赶到了纽约，我把客人们放在一家中国人开的专为中国游客服务的商店，约好转移到另一家去的时间，因付不起停车费，就开车在32街至38街那一带转了起来。天气很好，初春时节，阳光灿烂，空气温润，不冷不热。星期天的中午，纽约街头挤满了各种肤色、各种国籍、各种身份、贫富不等、花花绿绿、各种打扮的男男女女，匆匆忙忙、熙熙攘攘，出入于各种人开的各种商店之间。纽约人种之杂是世界闻名的。记得我刚到美国第一次走进纽约地铁车厢时，环顾四周，差点笑出声来：一个地铁车厢可以说就是一个"人种动物园"，而且这些来自世界各个角落的"人种动物们"还在那里读着刚出版的各种文字的报纸！他们当中的许多人是以纽约为生活的一个新起点，在这里或是挣扎或是奋斗。我现在不用着急赶路，慢慢悠悠地在大星期天的中午开车在纽约街头观赏这世界大都会中的"人种表演"与社会风情，真是一种难得的享受。

我开的那辆车是旅店刚买来不久的能坐 13 个人的"道奇"牌面包车，很新，里面装有一套 8 个音箱的高级音响设备。我把收音机调到一个立体声调频古典音乐台，尽情享受我自己那辆破车里不具备的先进设备。美国的调频台 24 小时播放，每个大城市里可收听到二三十个台，多数都是音乐，并且都是专门播放某一类音乐的"专业台"——一个频道 24 小时专门播放一种类型的音乐，如爵士乐台、轻摇滚乐台、"重金属"摇滚乐台、轻松音乐台、乡村音乐台、民歌台、古典音乐台等，当然多数是通俗音乐，最多的是摇滚乐；古典乐台的多少取决于一个城市、一个地区的文化氛围，一般来说，中产阶级集中的文化教育水平较高的地区，古典音乐台就会多些。纽约市有 3 个古典乐台，一个专门播放歌剧，两个播放古典乐曲。那天中午一个古典乐曲台正在播放莫扎特的第 21 钢琴协奏曲，色尔金的钢琴演奏，阿巴多指挥伦敦交响乐团协奏。无法更完美的古典浪漫派杰作，由世界一流的演奏家、指挥家和乐团演奏，从一套高级的汽车音响里播出，又与车外那现代都市中的时髦与嘈杂，与街道上那些应该说大体上属于低文化层次的人流形成一种对照，形成了一种极为优美而有趣的意境，令人感到陶醉。我把音量调得很高，身边的车窗开着，让春风吹拂进来，尽情地享受，真希望就永远这么开着车转下去，音乐也永远不要完。

转过一个街角，我停下来等红灯，乐曲大约正进行到第二乐章慢板的中部。钢琴刚起，清亮而悠扬。一位知识分子模样的白种美国中年男人正过马路，似乎是因为听到了音乐，略带惊讶地望望我的车、望望我，斜过身朝我走来，走近时脸上露出了笑容，冲我大声说："好美的音乐啊！这是莫扎特！"我也朝他笑，答道："这是色尔金、阿巴多和伦敦交响乐团。"他更笑了，似乎遇到了知音，朝我举了举拇指，低头静听了片刻，一边继续走他的路，一边若有所思地朝我点点头，半是对我半是自言自语地说："呵，你也喜欢古典乐！"

我清清楚楚地记得他的原话是"Ah，you too like the classical music!""too"（也）字略带加重，还特地放到了动词的前面。我不知道他实际想表达的意思是什么，或许是我自己过于敏感，

第十一章
求解 "人生方程"

"以小人之心度君子之腹"，反正当时我从那句话中听出的是
"你居然也……" 的意思，是在说 "你居然也喜欢古典音乐?!"
那大面包车里传出的古典音乐，在纽约街头的确可以说是相当
奇特甚至是相当 "不和谐的"。人们更习惯的是那些摇滚乐之类
的流行音乐，我也没有听到过有哪辆纽约街头的车里传出的不
是摇滚乐，而我，一个开着面包车夹杂在纽约中区三十几街各
色大小运货车中的中国青年人，显然是司机，也的的确确是在
干着司机打工的活计，而我 "居然" 在听着古典音乐! 是不是
有点亵渎高雅、僭越高深、夺人专利的味道?

在下一个路口拐角处，我一不留神差点撞倒一位黑人老太
太，吓得出了一身冷汗。望着街头那民族人种大混杂的人群，
我又一次问自己，为什么非要在这里做一个 "二等公民"? 作为
一个人，我们的智力并不比别人差，趣味不比别人低，不过是
出生在一个经济和文化水平落后的国家，"天然地" 落入了一个
现代落后民族的范畴。差距应该承认，应该努力向先进民族学
习，但这并不意味着我们缩小差距的唯一办法就是生活在一个
处处有人提醒你是个 "二等公民" 乃至 "二等种族" 的地方受
那份洋罪。纽约应该说是全美国最没有种族偏见的城市了，因
为在街上本地白人是 "少数民族"。在纽约尚且如此，别的地方
可想而知。在专业领域内，我们可以卧薪尝胆、刻苦奋斗，争
取赶上人家甚至超过人家，可以赢得人们的尊敬（事实上在知

253

识专业领域内，在同行之间很少存在种族歧视，知识分子一般都能首先尊重知识)，但在大街上，在这人群当中，你却已无法改变你的黄皮肤、黑头发，无法不让人家将你与你的那个"落后民族"加以"认同"。也许我不过是"自我歧视"，但如果我到处总会有这么一种"自我歧视"的敏感，显然活着就总会不那么舒服。

我最终决定回国，当然主要不是由于在纽约街头有人对我说了句"你（居然）也喜欢古典乐"，但那天从纽约回来，我心中的天平明显地向"走"的方面倾斜了一些，不久就作出了我一生最难作出的一个决定：回国。

第十二章

两难选择之一："是否回国？"

　　前面曾经提到过，生活中遇到的选择问题，有难有易。凡是"难"的，多半出于以下几方面的原因：

　　第一，就一种可供选择的方案而论，其好处十分明显，但所要付出的代价也极高，这时你会一方面受到极大的诱惑，觉得弃之实在可惜，但另一方面又不愿为之付出那么多、那么大的代价，犹犹豫豫，前思后想，难下决心。要是一个供选方案，收益也不高，成本也不大，是采纳还是放弃，关系都不大，随意地作个决定也就罢了，错了也没什么大不了的。如果这项决定影响深远，关系到未来，又有一些不确定的、难以预期准确的因素在内，决定就更难做。

　　第二，就两种方案而论，二者各有利弊，难分高下，令人左右为难。如果一个人一辈子处处遇到的都是一种方案明显地好于其他所有供选择的方案，那么他一辈子都不会为选择的问题犯难，也永远不会犯错误，永远不会后悔。

第三，不是"初次选择"，而是"重新选择"。比如职业选择，一个人生活之初，一张白纸好作画，画什么都可以有光明前景，时间也还有的是，所以作决定相对来说还是容易的，没什么既得利益需要权衡。但过了一些年之后，一旦需要"重新选择"的问题发生，由于过去已经走过了一段生活路程，自己在原来的工作已经积累了一些知识、经验、社会关系，在某方面已投入了大量的劳动，已到了轻车熟路的地步，现在要考虑去做别的，就有一个要放弃过去所积累起来的一些成果、去冒新的风险的利弊得失需要考虑，做起决定来也就难了。

多数人到了四十来岁，我想这些难题就多多少少遇到过了，领略了所谓的"生命之重"。新机会出现得越多，社会环境变化越大，面临的难题可能就越多，选择与决定的难度可能也就越大。在30岁与40岁之间，也就是在改革开放、社会环境发生重大变化年代里，我面临过两次十分困难的生活选择。一次是上面提到的，因为扩大"开放"，我出了国，结果发生了一个在国外"是走是留"的难题；另一次是因为深化"改革"，市场经济大发展，对我提出了是否还坐在书斋里搞学术研究的难题。前者主要是一个"弃之可惜，取之难受"的问题，后者则主要是一个"再次选择"的问题，都颇费一番权衡，以至于我至今也还不是十分确定自己究竟是否做对了选择。特别是第一个"难题"，从回国到现在，还不断有人问我："你怎么回来了？"而且常常是有那么一层意思：别人回来，你怎么也会回来？时至今日我也还是有一种做错了事的感觉，总在怀疑是不是真的不该回来。

　　我们不妨就用这两个我亲身经历过的生活难题，进一步说明一下“人生选择”所涉及的各种因素，以及如何应用我们前面分析过的“理论”，对各种具体的选择问题进行思考。

　　这一章先来分析一下我在出国之后遇到的“是否回国”的问题。

去与留的难题

1985 年 10 月，我还是中国社会科学院研究生院的一名博士研究生，作为社科院经济研究所派出的访问学者，到美国进修学习，正式身份就是访问学者。原则上说，我是必须回来的。去美国的访问学者，持所谓的"JI——护照"，这种名分的人在交流项目完成后需立即回国，在美期间不得找工作，当然更谈不上申请"永久居留权"（即所谓的"绿卡"）。在我刚到那里的时候，还允许访问学者"转身份"，即转变为学生，到大学、研究院上学，继续持 JI 签证或改成学生签证。但我到美国之后不久，中美政府达成了一项新的协议，禁止访问学者转身份，必须先离境回国之后再重新申请学生签证，逼得许多想上学不想回国的中国学者跑到加拿大找个什么地方，从境外重新申请学生签证。有的办成了，有的没办成，东西丢在美国最后还是回了国。不过说句实话，"原则"归原则，"法律"归法律，天下还有许多在原则之外、法律之外的路可以走，并没那么绝对。我相信如果我们想留下来，无论是上学还是打工，总会硬着头皮找到什么办法，最坏是"黑下来"，就是成为一个"非法入境者"，弄好了则可能先以延期访问的办法尽可能地拖，然后再一步一步地来，申请学校，转成自费留学，等等。天无绝人之路，"榜样"也有的是，我不懂可以去找人咨询，中国人里面这方面的"专家"有的是。这还不是主要的，根本的问题在于如果我当时已经决定了今后的生活目标、发展方向就是义无反顾地留在美国，我就可以从各个方面朝这方面努力，即使暂时留不下就先回国，然后再重新申请，经过两年美国政府规定的重新申请签证间隔期，5年或8年中国政府规定的"毕业生服务期"等，都可以耐心等待，能交点钱"买回些时间"就可以想办法去搞钱，等等。功夫不负有心人。据我的观察，国内我所认识的人当中，一切真的想走的、下决心想走的、义无反顾地想走的，只要不是个人能力太差、条件太差，只要不懈地努力，最终全都走了，没有走不成的。什么中国政府美国政府，什么"签证官"今天高兴明天不高兴，什么新规定旧规定，什么"三次签证不成就要重新申请"等，一律不构成真正的威胁。我帮助那么多人写过申请信、推荐信、填写过申请表，有的人我一开始真的怀疑是在瞎耽误工夫，可是几年后突然一个电话打来告诉我他下星期的飞机起程，我只好大贺恭喜，祝一路顺风。我不比别人更优越、更聪明、更不疲不懈、更意志坚强、更海枯石烂心不变，但无论如何也并不比别人笨多少、差多少、意志缺多少。有的人去美国十来年，那英语说得还不如我，我怎么就不能也被"恭喜恭喜、一路顺风"？

问题还是在于是否"值得"。

"梁园"确有好处

"梁园虽好,非久留之地。"不过,谈到是否值得留在美国,我得先说说美国(或者一般所说的较为先进的"外国")的好处。

无须讳言,美国确实诱人、十分诱人,确实值得我们喜欢、值得我们向往。我在哈佛读书时结识的一位搞文学的好朋友,他拿了学位又做了两年访问学者之后,先我几个月回国。我回来后,记得有一次朋友相聚,请我俩说说对美国的感受,要用最简单的词句来表达,我俩几乎同时以类似的方式表达了同一个意思:"他妈的美国就是那么一个既招人爱又招人恨的地方!"我现在也觉得这是一个准确的表达,既道出了实际情况,也道出了我们酸甜苦辣的切实感受,而且我想那个"爱"和那个"恨"也是相辅相成的,没有那个爱也不会有那个恨,没有那个恨也不会有那个爱。我曾听说过有几位学者,到美国访问后,回来不知是出于什么样的心理,到处大骂美国,历数其种种坏处,种种邪恶,似乎在他眼里,那地方一无是处。各人有各人的看法,天经地义。但为了与这种观点相区别,也为了与其他一些"吃不着葡萄说葡萄酸"、没有在美国留下便说美国如何不好不值得一留的态度相区别，我想我们得先认清它的着实可爱之处，并且不仅是它在客观上如何有可爱之处，还在于要"落到实处"，看看对于我们自己来说，"在美国生活"这件事有哪些可爱的诱人之处。

物质上的满足当然是要首先提到的。前些天曾在《读者文摘》上读到电影演员姜文的一篇很不错、很有独到见解的访美观感。其中提起遇到一些中国人，自己在外面的日子混得并不怎么样，还一个劲地对国人大谈国外某地风景怎么怎么美，姜文驳斥他们说，回国去看看，我们也有那么多风光美景，一样美，甚至更美。我很赞赏姜文驳斥那些"小瘪三"的态度，但却要说那驳斥的方式有一点"只知其一，不知其二"的味道。美学上关于美的概念，争论由来已久，但我更倾向于那种"客观美"与"主观美"相结合的定义——你在欣赏同一种自然美的同时，会加进你作为一种社会动物的某种社会体验，从而赋予那外在的自然物体的美感一种特殊的社会"联想"和社会意义。记得当年在东北，我所在的连队再往南走是几百里无人烟的深山老林。我们上山伐木、到河边游泳、到小溪旁洗衣服，每每见到许多令人叹为观止的大自然美景，无论是夏天的茂盛，还是冬天的清冷，无论是阳光明媚还是冰封雪景，我常常看着那些景色发呆，心想天下有那么多人见不到这种美，我要是不来这里也见不到，遗憾不能把它们记录下来给大家看。但是，与此同时，我还是能从同一景色中感受到别的东西，那就是荒凉、原始、野蛮、偏远、贫穷与孤寂——那是一块几千万年无人烟、无文明染指、远离人类社会的一个地球小角落，在那里有那么几棵树、几块石头、一片荒山或一条小河。记得后来读研究生时，外语课写作文，我曾描写过东北深山里的某种景色，最后用了一句"crudely natural"（"一切都是那么原始地自然"）。"crudely"一词有"原始的"、"未加工过的"、"粗野的"、"天然的"、"赤裸裸的"等含义，老师读后特意在这个词的下面划上了横线，批了一个"good!"。触景能够生情，而我在当时的处境下见到那些自然美景所生的"情"却只是寂寞、穷困、无望，是被遗忘、被抛弃，是日复一日的劳作，是被这自然奴役；我只是在操劳中望见了美好，我要时刻想到的是身后的马车、手上的板斧，十几里外的土坯房和每天都赖以为生的土豆汤。那时我常想也许有朝一日我的处境变了，我一定要旧地重游，换一副心情来好好欣赏这大自然的美景。但后来想想即使我们的处境变了，要是这地方周围几十里还是那么穷、还是那么苦、还是那么偏，恐怕我还是只能从这自然的树木山石中读出同样的字来。而这种对美景与经济发展水平相互关系的认识，正是到了美国之后才最终得以形成的。

同样的一片荒山野岭、同样是一条没人碰过的山泉小溪，当你知道身后几十米外停着你的汽车，车里有立体声音响，车后厢里有一保温冰箱，里面有易拉罐饮料和三明治，边上是一条高速公路，10分钟之后你能找到壳牌加油站和麦当劳快餐店，那里有公用电话，你塞进几个硬币或输入一个密码就可以同北京讲话，你对那山林美景的感觉就会是完全不同的，你从那当中读出的是满足、是人类对自然的占有、是一副郊游的闲情逸致，而不再是荒僻与贫穷。大海也是这样。新英格兰的海岸悬崖峭壁，从自然风貌上，可以说与我们的胶东半岛某些海岸颇为相似，但是你会从两个海岸同样的壮丽景色中得到完全不同的关于美和文化的体验。在山东，你在海边走过，想到的会是身后山中那些低矮的农舍和佛教的庙、道教的观；而在波士顿郊外，你想到的是山腰上那些17世纪传下来的哥特式洋楼，想到的是房子里那些宁可每天驱车一两个小时上下班，也要住在海边享受大西洋美景的上层中产阶级知识分子的家庭，是那房子里刻意保持下来的古色古香的家具和回荡在这家具之间的巴洛克时代的乐曲。"美"这个词是我们这些社会化的人创造出来的，因此我们不相信存在着一种完全超然于我们所处的社会环境的绝对的美的概念。富人，以及我们一些自命为"超人"、"高人"的知识分子们经常会嘲笑穷人、劳动者们缺乏审美能力，其实这首先根本不是一个"能力"问题。我在没下乡之前看到描绘原始树林的绘画，觉得非常美，令人心驰神往，应该

第十二章
两难选择之一："是否回国?"

说颇有"审美能力"了,可是下过乡真的见到过这些原始树林之后,再见到这样的画我的第一个反应是想到那里边可能有虫咬、有嗡嗡叫的蚊虫和野蝇,干活时不管多热都得戴帽子,帽子下压上一块手绢遮住脖子以防蚊虫的叮咬,你叫我怎么能再像过去一样地来"审美"?个人经历会有影响,"社会环境"本身也会有影响。无论你个人是穷困还是富有,面对那些属于穷国的自然美与属于富国的自然美,你会有十分不同的美感体验。舒舒服服地坐在有空调的小汽车里到达一个风景名胜观光,与挤在臭烘烘的车厢里晃荡一整天赶到一个地方看上几眼又得马上打道回府,不然就买不着返程车票回不去,看的是同一个东西,但那审美感觉会是完全不同的。我曾与几个朋友一起驱车200英里去美国的新罕布什尔州寻找电影《金色的池塘》的拍摄地点。那连绵不断的树林,碧蓝清澈、波光粼粼的大小湖泊以及那些在湖边、在林中不时闪现出来的一幢幢风格各异优雅的小楼,最终明白了"文明地保存和占有着的自然美"与"原始的自然美"之间的差别。

正是因为富足,什么都买得起,所以先进国家可以成为真正的世界大都会。它可以横行霸道地充当世界警察,也可以把世上一流的东西汇集到一起。一流的科学技术、一流的文学艺术、一流的大学、一流的博物馆、一流的公司企业,一流的黑帮骗子。当然,最重要的还是一流的人才。在哈佛大学足不出户，每天到各个系去听讲座、讲演，一年下来你可以领略全世界 80% 的一级名流学者的风采，外加比率不等的各国总统、总理、部长、大使、名记者、名律师、大经理、大富翁、艺术家、小说家、影星、歌星等。哈佛的学生个个想当名人，我想原因之一是他们感觉自己离名人太近了，见的名人太多了，神秘感已经荡然无存了。你想了解各个学科、各个领域、各个国家、各个方面的各种前沿问题、尖端问题么？坐到教室、礼堂里去听讲座、听讲演吧，世界上各个角落的重大的问题都在这里以各种方式从各种不同的角度进行着讨论。这种世界一流大学的精彩之处不仅在于有一套严格的教学制度，使你受到一番现代科学的严格训练，打下扎扎实实的基本功，以后不再会在什么基本概念上犯错误，还在于提供了一种由世界级一流学者们营造起来的科学氛围，使你很早就接触前沿的问题，熟悉科学论争中的各种理论、各种观点、各种方法，自己也站到前沿去，使你不再在别人已经解决的问题上从头干起白费工夫，不再把别人嚼过的馍叫做"创新"，不再因无知而狂妄，同时也学会如何才能把现代的理论和方法应用来解决你所面临的特殊问题。

在波士顿、纽约、华盛顿这样的城市里，你还自然而然地可以接触到一流的西方文化艺术。绘画、雕塑、建筑等艺术领域，你当然可以说"都市"不在美国而在欧洲，但在波士顿现代艺术博物馆、纽约大都会博物馆和现代艺术馆里，你还是能

第十二章
两难选择之一："是否回国？"

看到许许多多的历代名著真品。在纽约，每周你可以看到世界最著名的交响乐团、歌剧院、芭蕾舞团的演出。帕瓦罗蒂、多明戈、萨瑟兰、帕尔曼、布兰鲍姆、祖宾·梅塔等人是那里的常客。在波士顿，花5美元、10美元等一张开场前20分钟未售出的剩票，就可以听一场小泽征尔的音乐会，夏天可以到波士顿附近的汤格伍德去坐在草地上听露天音乐会，那里是每年一度全世界一流音乐家演出与举办讲座的汇集地。

我想如果我们有钱，美国可以是做一个"现代隐士"、享受生活的绝好去处。那里到处是五花八门、千奇百怪的物质享受和文化享受，但你能去享受它们的前提条件是第一有钱，第二有闲。光有钱没有闲不行，没有时间去享受的东西对你来说是不存在的；光有闲没有钱也不行，因为没有一样享受不是要钱的，并且在有钱与有闲这两者当中，有钱是最重要的。钱真的多，闲自然也可多些。此外，不仅要有钱和有闲，还要一份"闲心"。在国内不甘心当"隐士"的人，在美国可以获得当隐士的一个非常重要的前提条件，那就是你可以彻底地忘却许多人总也放不下的那一份"社会责任感"，并因此而获得有一份"闲心"——这是享受悠闲的一个必不可少的前提。有人看着很闲，但百爪挠心、心中长草，坐在那里其实是在担心什么或者有激烈的内心冲突，那是说不上享受闲暇的。作为一名中国人，你到了国外，生活在一个外国的社会当中，你会很自然地感觉那个社会不是你的，你不过是个"外人"、是"客居"，不必为它操太多的心，反正也使不上什么劲，许多情况也不了解，使劲效果也不大，所以可以安心享受生活，真正地与世无争，心平气和，以至于不会有什么嫉妒心之类令人烦躁的感觉，因为作为"外人"，你不会与邻居那些世世代代在本地成长的人去"攀比"，他们有的你没有，那是因为你才来，是外人，情有可原，并不显得你无能。找一个教书一类不那么费心的工作，住一栋郊区小洋房，早上打打网球，傍晚逛逛花园，下了班想着电视有什么节目，影院里有什么电影；星期四晚上开始计划周末去哪里旅游，星期五晚上开始收拾行装；夏天去海滨，冬天去滑雪，有了假期就开车跑一趟远程，偶尔与几位中国老乡聚一聚谈谈国内形势，隔两年回国当一回爱国华侨或"美籍华人学者"什么的，爱一爱国。我觉得那真的是一种很值得羡慕的生活。去美国的华人中实行这种"生活模式"者我见得不少，每每感叹不已，心想这真是一种有滋有味的生活。我当时曾多次想过，我要是留在美国，一定也努力按此模式好好地享受人生。

与己无关的享受

美国富有，有许多享受，又可以做一个局外人，与世无争

第十二章
两难选择之一："是否回国？"

地享受。但问题在于，我们自己享受不到的东西，对我们来说，实际上是不存在的。所以需要问问自己：这许多好东西，你能否享受得到？

首先是不大可能"有钱"。我不会有玩彩票得个头奖一夜之间变成百万富翁的运气，也没有一个百万富翁的亲戚让我去继承遗产，更不可能像漂亮小姑娘那样嫁个富翁坐享其成，总之是得靠劳动收入过活。没有钱而要靠劳动挣钱吃饭，也就不大可能有闲，因为如果我每天为了挣钱、为了晋升而拼命工作，我又怎么有时间去四处周游？在国内忙一些不大在乎，因为国内可玩的东西还不很多，玩起来又太累、太麻烦，所以有时间多工作一点并不觉得很"亏"，但如果身边有那么多可以享受、值得享受的东西，而你没有时间去享受，你会觉得它们对你来说的确是不存在的。

比较现实地考虑，根据我的特殊情况，恐怕是干不成商业或实业的，只能仍旧在学界里谋生。如果我想要"有点闲"，可以找一个在社区学校里教书的差使，一门课教几十年，不搞什么研究，这样生活的确可以比较悠闲自在，但这样钱也一定不会多。读完书四十来岁找到一个工作，要买房子买车，一个教书人的收入只能供你紧紧巴巴地过日子，房子分期付款买下来时你已经到了退休的年龄，你也只能享受悠闲本身，而很难享受许多别的东西。如果你还想干点事情，在研究上搞出点成果，

269

你就得想办法到竞争更加激烈的地方任职，就得搞研究、写文章。在美国搞学术是件很苦的差使。四五年研究生读下来获得了学位，取得了一个助理教授的职位，你就得开始新一轮的奋斗，多搞研究，多发文章，不然7年之后你要是成果不多，就不能晋升正教授。投身学术界的人，都是想要出成果的，所以这对他们来说不一定就是痛苦，但在此过程中，你也就不再"有闲"。那些供有闲者享受的东西也就与你无关，无论你这时有多少钱，何况事实上你这时也并没多少钱，因为一个名牌大学副教授的收入，并不比一个工人的工资多多少。没有闲，就意味着你不可能晚上回家看电视看电影、游泳打网球，也不大可能周末外出旅游，而是要把更多的时间用在搞研究、写论文上，好不容易挤出点时间还得忙家务，维持一栋小洋房、小花园也是要花时间的，生个孩子你也得自己照料，因为你的那点收入在美国是别想请得起保姆的。

各人情况不同，我当时三十四五岁，已不像二十来岁的学生，还有大把的时间，前后分析一下，瞻望前景，我觉得我若留在美国谋生路，物质生活条件上当然会比国内好，但除了可以自然地、免费地享受到的东西之外，那里的许多物质享受，基本上与我无关。我不会很有钱，也不会很有闲，所以一切需要有钱又有闲才能享受到的东西，都不属于我，不构成对我的真正的吸引力。整天看人家享受，说不定还会因妒忌而生出一种"痛苦"。回国去生活条件肯定差些，但对于我们这些没有享受过大福的人来说，也没有什么受不了的，况且国内经济正在发展，收入水平在不断提高，从长远看并不一定就很差。我又不是回到偏远的农村去，而是回到北京，在全国来说还算是好的。所以同学朋友坐在一起时，说来说去，许多人都同意，虽然美国最吸引人的地方是物质生活条件，但是单就物质生活条件而论，已并不构成吸引我们这种情况的人留在美国的主要原因。

几年后的今天，如果再作选择的话，美国在物质生活上的吸引力，对我来说恐怕就更小了。我不想说国内有许多人发大财、发横财、成"大款"、比美国的大款还大款的事，只想说我们这些非大款的一般城市居民的生活状况，就日常生活条件来说，在国内生活在大城市里，吃的、穿的、用的，应该说该有的也都有了。几年前在美国觉得仅超级市场一项就对中国人有足够的吸引力，但现在这种吸引力基本上已经消失了。国内市场上只要有钱，已不再有想买而买不到的东西。以食品为例，国外的超级市场上食品种类有许多我们没有，但没有的那些要么是我们中国人不吃、不爱吃、不想吃的，要么是想吃而舍不得买、吃不起的。我认识的一个朋友在美国七八年来，夫妻都有了工作，但还是每星期到过期食品市场上去买那些廉价食品，那些8美元一镑的牛肉，20美元一镑的龙虾，对他们来说实际上是不存在的。另一方面，我们中国市场上许多我们喜欢吃的东西，是在美国市场上是没有的。比如他们绝对不会卖狗肉给你吃。衣物也是一样，那里当然有许多高档服装，但如果国内几千元人民币一套的服装你都不会去买，又怎么舍得花几千美元去买一套曼哈顿的时装？中国人现在在美国买的服装，多半都已是"Made in China"。我们大城市里的彩电、录像机的普及率已不亚于美国，差只差在好节目不多。但美国电视上的好节目就真的很多吗？我们这些外国人初来乍到时看什么都新鲜，至少还可以学学外语，但看长了就发现没多大意思。美国的多数知识分子是不看电视节目的，而且如果我们要是忙于工作，就不会有什么时间看电视。房子在国内当然小一点，也没有花园，最多是三室四室一厅的公寓楼。但就生活的基本需要来说，只要有一套带"双气"的房子，不是住大杂院、筒子楼，自己再装修得好点，也就说得过去了。在美国的许多人，居住条件也不过如此。前年一位朋友回来时我对他说：国内现在可以说什么都有了，只是还缺一辆车。结果这句话在美国的朋友中间传了开去，后来人们见到我都问是不是真的。为了证明的确是真的，我后来又倾其所有买了辆国产的吉林微型面包车，当然远比不上我那些朋友们的车好，但终于也能以车代步。于是我就可以把那句话的后半截也删掉了。如果谁还能从国外带回一笔美元，情况自然就会更好，可以买一辆更好的车。回国后的

第十二章
两难选择之一："是否回国?"

物质生活水平是否下降，是由一些具体的指标来表示的，当时中国学生谈到的对回国后个人生活方面最担心的事，我归纳为三个具体"指标"，一是房子，二是车，三是能否每天洗个热水澡。前两个指标都说过了，后面这个在美国养成的"臭毛病"，现在似乎也不难解决，有了燃气热水器，我这几年也一直保持了下来，并没因回国而放弃。我个人还有一个在美国养成的臭毛病：喝咖啡。这几年也居然保持了下来，而且越喝越多了。最初还是靠朋友从外面带回几包，或者花点外汇去买，后来发现了云南出产的咖啡豆，制作水平虽不能说就赶上了哥伦比亚咖啡，但也相差无几，我已相当满足，于是便大喝特喝起来（在此云南咖啡厂是不是该付给我广告费?），每天早上将咖啡豆现喝现磨，滤出一大壶，满室飘香。比上不足、比下有余，也是我这个人没出息的一种表现。

　　谁也不会说我们的物质生活条件已经赶上了美国，即使在大城市里，也还有很大的差距。我的那句"什么都有了"的意思是说，就我们觉得说得过去的水平而论，国内已经不错了。我相信我的那些朋友们其实也是在这样的意义上理解那句话的。而且，据我观察，对于国外的相当数目的留学生来说，物质生活条件方面的要求其实是相当容易满足的，没有过高的奢望，只要有一个基本上方便、舒适和体面的生活条件，谁也不想去花天酒地，也不想怎么样地特殊。单就物质条件而论，有了目

前国内商品市场的状况，再加上一套三居室的公寓房，就足以
使一大批留学生回国来工作，美国在这方面的吸引力也就不会
再在人们的选择中起到多大的作用。前两年美国经济衰退，工
作难找，我很奇怪我们的许多部门为什么就不能拿出几套房子
来趁机吸引一些海外学成的留学生回国工作。

事业的"情结"

对于多数留学生来说，所考虑的最重要的一个问题还是留
在国外干什么、回来又能干什么？

这个问题可能对有些人比较容易回答，对有些人则比较困
难。如果不过就是想"干活吃饭"，那么当然留在美国最好。中
国也是干活吃饭，一人一年收入把房子、劳保什么都算进去不
过 2000 美元，在美国扣了税、保险费等至少也得 2 万美元，即
使物价有许多不可比的因素，但总归是早早进入小康了，回国
来走走还有一个华侨或美籍华人的光环戴在头上，在许多人的
眼里便高人一等了。但是稍微想干成点事情，"事业有成"，问
题就不那么简单了。搞学术、干技术一类的事，特别是一些
"无国界"的事，国内国外可以说一样干，国外干的可能条件还
更好。比如，我常想搞自然科学研究的人，无论基础理论还是

第十二章
两难选择之一："是否回国？"

应用技术，的确有一万个理由留在美国。我在哈佛的一些学自然科学的同学，整天想着的是将来得诺贝尔物理奖、化学奖的事，一没了那些先进的设备和一流学府里的学术气氛可能就做不成了。搞技术也是这样，毕业后到"硅谷"找个工作，3年一小发明，5年一大发明，薪水在10万以上，还能申请专利，或自己开家小公司。但一沾"社会"、"民族"、"文化"这些有点国界的事，情况就不一样了。想搞政治当然是最不行的，第二、第三代美国出生的华人，现在最多不过在州政府里任个局长什么的。陈香梅、赵小兰之类人士属凤毛麟角，得有点特殊的背景才行。二三十岁才到美国留学想搞政治是不会有大前途的（在美国搞中国政治另当别论）。经商搞管理，可能能搞个小公司发点小财，为后代积累点资本，但迄今为止我没听说过第一代留学生搞出了大企业、发了大财。生意经在全世界都有共同点，都得熟悉市场、有关系、有门路、善于推销，做成大买卖实属不易。美国那地方市场又是那么拥挤，竞争那么激烈，占领一小块地盘都是那么不容易，年生意额做到一千万美元，咱们听起来不少，在美国也属"个体户"一类。学法律的搞研究可能还能出点名堂，但想当个名律师恐怕困难。我很怀疑第一代留学生能像本地律师那样在法庭上唇枪舌剑。

就其他社会科学诸学科来说，比如像我们搞的经济学来说，我个人是仍然相信科学无国界的，特别是在基础理论层次上，我不相信存在着什么美国的经济学、中国的经济学，等等。因此，我想尽管我们三十多岁才出国学习，但只要走对了路子、又能付出一定的努力，在基础理论或者说一些"纯理论"研究上，还是能够有所作为的，也能利用现代理论来分析一些我们国内的具体问题。但是如果应用理论解决一些西方国家的具体问题，在美国的经济学界进入到"主流"里去，针对新的实际问题提出新的理论，或者是应用理论搞出些政策分析，我们已是"先天不足"了。经济学毕竟是一门社会科学，不是生于斯、长于斯，对现实中那复杂的运行机制，你学都学不过来，也就难免总得跟在别人后头爬。记得1986年在美国赶上里根政府搞了一些税制改革。一个普通的美国人，对这一改革的影响，包括对自己收入的影响和对邻居的影响，都了如指掌，就像我们对一个"中央文件"的影响了如指掌一样。而我，说起来是搞经济的，却对这一税制的效果怎么想也想不清楚，又不好意思用这么个简单的问题去打扰大教授，只好问我的那位根本没有学过经济学的房东，请他给我讲解。研究美国经济不行，当然就只好研究中国经济，且不说身在国外，长期脱离中国经济的实际，能不能搞好中国问题研究，一个不大不小的困难是，在美国学术界，有一条不成文的"惯例"：中国人自己不能成为"中国问题专家"，因为总受人怀疑在你的研究中带入了本国人的某种偏见，似乎总不会"客观公正"。纯经验材料分析还好说，一涉及"政策研究"、"趋势"研究之类，人们（当然首先是"外行"）总是先去读 Smith、John 之类名字下面的文章，Zhang、Wang 之类的都有"不客观"的嫌疑。我不知道这一外交界的"回避"政策是怎么应用到学界来的，也不知今后是否会逐步有所改变，反正总是在申请研究经费、就业等方面，构成了一种无形的障碍，本来中国人研究中国问题的优势，反倒成了劣势。至少，就多数想在美国学界站住脚的中国人来说，在美国研究中国问题，得当一个"副业"来搞，主业还是得搞纯理论什么的。你要是以中国问题为"主业"，至少会被一些人认为是投机取巧，是"没出息"，到时候晋升就成了问题，所以为了晋升正教授、在学术界站住脚，至少一些年内不得以中国问题研究为"主业"，最多是在写学术文章时把中国的某种现象作为例证加以分析。

　　但问题是，对于三十多岁才出国的这批留学人员来说，实在太想搞中国问题了。后来一大批二十来岁没参加过工作大学毕业就出国留学的人，有许多是报着"一走了之"的态度出国的。"中国问题"不能说完全不关心，但很难说达到"刻骨铭心"的程度。而对于我们这些经历过"文革"、下过乡、工作多年的人来说，中国问题不仅仅是"祖国"的问题，而是已在我们脑皮上划出了"太深的沟"，可以说已经形成了那么一种"情结"。这可以完全不是出于"爱国"，而只是出于对自己长期关切的一个问题的"执著"。你放不下它！学了更多的知识，就更想去澄清那里还存在的"谬误"，更想去对那里存在的问题进行一番论证、说明，对解决问题的办法提出自己的看法，等等。所以，据我观察，许多身在国外的人，内心深处都有那么一种矛盾：既想在国外学术界站住脚跟，不愿放弃好不容易艰苦奋斗得到的一切，又总觉得那当中浪费了许多时间，没有去干自己真正想干并且真能大显身手、干出点名堂来的事。

中国经济学界可干的事情实在是太多了，其中许多是基础性的工作。不说我们正在搞经济改革，有大量的新问题需要研究、解决，出政策、对策，单就"经济学"这一学科本身在中国的发展来说，就有许多事情需要赶紧做起。我们迄今为止，大量的经济学著作，还是以 50 年代初苏联《政治经济学教科书》为蓝本、为基础的。不说这一蓝本与发展到今天的经济学毫无共同之处，可以说只是包含了很少真正属于经济学的东西。而且那一套东西，正如我在《现代三大经济理论体系的比较与综合》一书中所说的那样，实际上不是包含了各种经济理论的优点，相反，是集中了许多"缺点"。比如，它号称是马克思主义的，但马克思主义经济学最鲜明的特征是用经济利益矛盾、经济冲突来分析经济现象，比如用"阶级斗争"来分析资本主义经济问题，而那一套所谓的马克思主义经济学却整天在那里说我们的经济中万事和谐，人们都"同志式地相互协作"。不相

第十二章
两难选择之一："是否回国?"

互协作，而相互扯皮、相互封锁、相互争夺，以至于不"进贡"办不成事，则只被说成是"旧社会残余"，结果残余来残余去，问题反倒越来越严重，那套理论也就变得越来越"没味儿"。这种不分析现实矛盾并用利益矛盾来解释经济现象的理论，其实正是马克思所批判的那种鼓吹"和谐"的"庸俗经济学"的特点。从另一方面说，马克思主义经济学由于其创始人在当初的主要目的是"革命"，所以并没有对如何有效配置资源、怎么才能更好地配置资源、个人和企业追求利益最大化的经济行为等问题进行全面深入的分析，而那套苏式蓝本又教条主义地把自己框死在早年社会主义理论家提出的几条对未来社会的设想当中，也不去深入进行这些方面的分析，并一味地排斥在这些方面作出了贡献的许多西方经济理论，甚至连讨论它们提出的论题都成了"反马克思主义"。结果经济学界把经济学搞得越来越不像经济学，更不要说研究些能够科学地说明现实经济问题、能够对发展经济真正有用的经济学。

要想改变这种情况，使中国的经济理论在新的更加坚实的基础上得到发展，我想至少有相互关联的两大理论工作需要抓紧进行，第一是搞清楚马克思主义经济学与现代"西方经济学"之间的关系，不再搞教条主义，用人类的一切科学成果武装自己。我不同意有的人不懂马克思主义、出国学了现代经济学就把马克思主义经济学说得一无是处，正如我不同意有的人不懂现代经济学就把它说得一无是处一样。马克思主义经济学（我这里说的绝不是"苏联版本"的那种把自己经济搞得一塌糊涂的"经济学"）首先与古典经济学一样，都对整个经济科学的发展作出了重大的贡献，即使到了今天，许多新马克思主义经济学家仍然从马克思提出的一些原理出发，为经济学的发展作出了新的贡献。同时，我们还必须看到今天的经济学已不能局限于马克思主义本身所特有的原理和命题，要想解决今天的经济问题，就必须吸收和利用人类发展起来的一切科学成果，使我们的理论有更广博、更坚实的理论基础，使我们的经济分析有更现代的方法。新一代的经济学家，必须用已有的一切成果武装自己，才能站在前人的"肩上"，向更高的科学领域攀登（我自己回国后完成的博士论文并改成专著于 1990 年出版的《现代三大经济理论体系的比较与综合》，就力图在这方面进行一些初步的探讨）。第二，要在新的理论基础之上，利用现代经济学的原理和方法，对我们自己的经济体制和所面临的经济问题，进行系统的分析。现在经济学越来越明确地把经济运动不是看成一种类似机械那样"无生命"的体系，而是把它看成个人、企业、政府等经济主体追求各自利益最大化的行为以及各种经济行为主体之间相互冲突、相互制约的一种结果。对个别经济主体的"行为分析"，应成为一切说明体制现象、生产与交换问题以及一切像物品短缺、通货膨胀、经济过热、经济波动等宏观经济问题的基础，只有系统地搞清楚了个人、企业（各种经济类型、经济成分的企业）、政府部门等在一定经济体制下的行为方式，才能系统地说明我们整个经济运行方式的特点和运行结果，说明各种经济现象，也才能为经济改革和经济发展提出系统的、有效的、前后一致的，而不是"头疼医头、脚疼医脚"、自相矛盾、朝令夕改、缺乏有效性的经济政策。我回国后主笔完成并在 1990 年出版的第二部著作《公有制宏观经济理论大纲》，就是力求在这方面作一些探讨。我现在写这本书，用意之一，可以说也是想以一种"理论性"不那么强、较为通俗的方式，进一步表明现代经济学必须以分析人们的行为作基础。这些工作不是一两个人可以完成的，需要有一批人扎扎实实地逐步做起，相互讨论、相互批评、开展争鸣，一步一步地积累知识，一步一步地扩展成果，从各个角度推动我国整个经济学理论研究的发展。

这些工作，或许不成为其他一些人关心的问题，但却在一定程度上的确构成了我的一种愿望，或者说，一种"偏好"。我最初接受的就是中国的"传统经济学"，学会了它的一套语言、概念和方法，深知其局限性之大，所以很早就想为改变现状做点什么。从大学高年级以后，我学习各种经济理论和方法，可以说就是在为从事这些工作作准备，就是抱着这么一个方向，带着这些问题去学习的，并且为了少犯错误，避免将来后悔，还尽量地多学少说，一直以学习为主，在许多问题上有想法也尽量"克制"着不发表出来。现在学了一圈，自己确实感到有了新的长进，"悟"出了一些东西，却要我突然放弃这些问题，把已经想好了的一些话憋回去不说，留在美国去干别的，实在是有点不甘心了！至少也得把它们说出来，把十来年一直想做的工作做出一些、告一段落，也可以称是了却了一桩心愿，再去干点别的，也说得过去。况且在我学习的这些年中，一些不懂真正的理论为何物、不知理论的作用在何处、不知理论研究乐趣何在的人，还经常有意无意地指责搞理论的人，把我们的努力说成做无用功，说理论研究没有用处，解决不了问题。无知也狂妄，浅薄也狂妄。单为了让更多的人理解理论工作的真正意义，也值得我回国去尝试一番。让我就这么"不了了之"，内心里总会有一个声音表示抗议，总觉得自己想做的事还是应该尽量有头有尾地去做，不管是否能真的有成果，至少要尽力去试一试。社会和学术界总是要有点分工的，不管别人如何，我就先来按照我的"特殊偏好"，做一些我愿意做的事吧。

外来人的位置

无论社会地位高低，二三十岁到外国生活的人，我想一辈子很难消除与社会或"社会主流"的隔膜感。你可以读书、看报、看电视新闻、听课、考试、学术交流、与当地人交朋友，一切都没有问题，但就是总会有点什么东西，是一个不是从小生长在那里的人所无法彻底理解的。在大学的饭堂里，在研究所的休息室里，我经常可以见到坐成一圈的美国青年人在那里侃大山。有时那些人我全认识，平时与他们单独交谈以至于开开玩笑，完全没有问题、没有障碍，但是他们自己一坐到一起侃起来，你却大半不能听懂，就像我们北京的小伙子们坐在一起自己谈天说地时别说外国人恐怕连外地人也不易听懂的道理一样：他们用的是自己的语言，有着只有从小在那里生长的人，在那里十几年、二十几年生活过来，经历过共同的年月、事件，看过共同的小说、电影、电视剧的人才能共享的特殊语言，我想那些东西才是一种文化真正特别的地方，是与别的文化相区别的东西。每当这时，我就回想起我在大学里、在社科院研究生院我们一帮硕士生、博士生在饭桌上、宿舍里海阔天空、意气风发大侃特侃的情景，而我在这些美国人当中总会立刻觉得是一个外人，甚至都会尽量避免参加到这种场合中去，因为你的加入，会使谈话的风格立刻发生变化，人们为了照顾你的存在，会尽量使用一些你能懂的语言，我想那是很扫人兴的事，还是自觉点避开为好。这种语言和文化上的差异，也表现在生活的许多其他方面，比如电视上的新闻、政论及一般的电视

"正剧"，你是看得懂的，而一些专靠用俚语插科打诨的喜剧、幽默表演，也许是我的英语水平不高，反正大多数情况下感觉只能听得懂六成，有许多笑话你听懂了也无法欣赏，因为你不了解那笑话背后的"掌故"或"出处"，就像一个外国人中文再好也不一定能欣赏我们的许多相声和笑话一样。也许待得时间长些会好些，但我不相信这种障碍对我来说能完全克服。中国人之间，若不是很亲密的朋友，对于这种身处异国所遇到的"障碍"经常是讳莫如深的，谁都想表现得"我已很美国人"的样子，但据我观察"第一代中国人"很少真的如此，比如我不止一次地听到有些年岁大的人说听不懂孩子们（"第二代"当地成长起来的中国人）之间说的话。而那"第二代的中国人"又不同你说话、不屑与你说话。别的地方我不知道，在哈佛的研究院里，中国留学生可以和任何一个国家来的任何肤色的学生交朋友，就是很难（如果不说"无法"）和那些第二代的中国学生交朋友——他们正努力彻头彻尾地加入美国社会的"主流"，与你交朋友会有损他们的"美好形象"！就像阔人不愿与穷亲戚来往的道理一样。

用不着别人对你"种族歧视"，单就你无法完全掌握和了解这一国家的语言、文化，感到是外人而不是主人这一点，就足以使你有一种"二等公民"的感觉。我之所以看到那些美国的大学生、研究生相聚侃山，便想起我们自己在国内学校里的类

第十二章
两难选择之一："是否回国？"

似场景，心中有股伤感，就是因为我们在一起时也是一种傲视众生、不知天高地厚、一切舍我其谁的"主人感"，而在美国社会中，却只有"俯首称臣"，不是我们从人种、从能力上低人一等，而是我们先天缺乏在一个陌生世界当主人的资格。这种反差是最明显、最让人感到不舒服的。

除上述处，你还要加上那个社会有形无形对你的排斥。1985 年刚到美国不久，我就在收音机里听到了一场对话。那是一个广播对话节目（talk show）。电台主持人外加一个特邀专家坐在播音室里，听众打电话进来就某一专题进行讨论，各抒己见（有一个美国电视连续剧《夜莺》，描写的就是这种节目的一个主持人的故事）。那天的论题是如何帮助柬埔寨难民的问题。印度支那战争后有一大批柬埔寨难民来到美国定居，由于在语言、技能、经济等方面的限制，在美国生活有一定的困难，引起社会的关注，电台特地安排了这次节目，请一个负责安排难民生活的社会工作者参加主持，请听众参加讨论。节目开始后没多久，有一个老年妇女（按声音判断）打电话进来，颇带怨气乃至怒气地说，在她的邻里，就有一家柬埔寨人。我至今记得她的话："他们生活得很好，全家租了一幢二层楼的房子，我最近还看到他们买了新车，我这辈子都没有开过新车，可他们却能买新车。他们刚来美国，对这个国家作出了什么贡献，却能享受到比我们更多的财富，这是不公平的！他们不需要什么

285

帮助，他们已经很不错了！"这可真是道出了心里话。结果接下去相当长的一段时间里，讨论不是关于如何帮助难民的问题，而是如何看待这位妇女提出的现象。主持人解释说这些难民工作勤奋，又节俭，所以能够积累财富。有的人则打来电话说据他了解柬埔寨人习惯于全家住在一起，从而把收入放到一起使用，因此能租房子、买车；更有人打电话来支持那位妇女的观点，认为关键的问题就是为什么他们来"分享"我们世世代代创造的财富，其中还特别提到了"其他外来移民"！我想毫无疑问，也一定包括华人吧。这可以说是我第一次领略到了这里的"风土人情"。这些开诚布公的言论，平时你当然是听不到的。学术界里很少有种族歧视或排外情绪（至少公开的没有）。报纸上记者、官员一般也是"正面宣传"，多数人能够客观地评价外国移民对这个国家的积极作用，美国本来就是多民族外国移民构成的社会，还有一系列政策鼓励专业人才的引进，美国的大量社会财富，正是靠吸引别的国家培养好的专业人才才创造出来的，这点美国的有识之士比我们心里清楚。但是，毫无疑问，一般的平民，难免出于种种原因会认为外国人，特别是从穷国来的外国人，在与他们分享由他们创造的果实。这点还可以由亚裔人与黑人的关系得到某种证明。许多"黄种人"自我作践，自视比白人低人一等，却又顽固歧视黑人，"老黑、老黑"地不绝于口。而黑人也一样瞧不起黄种人，总是认为这个国家是他们创造的，现在亚裔人来到这里是在与他们分享果实、争夺饭碗，结果使他们对黄种人充满敌意。洛杉矶暴乱，起因分明是白人打了黑人，但暴乱中被砸的却多是韩国人等亚洲人的铺子。不过在多数情况下，根本的问题目前其实不在"种族"冲突，而在于"饭碗"的冲突。有一个朋友还告诉我他的一段经历：半夜工作完了后几个朋友去饭馆吃点东西，出来后，街上走来的几个黑白相间的美国小伙子竟毫无顾忌地大声议论：瞧，咱们的外援就被这些人这么挥霍。无论你再勤奋、再节俭，问心无愧地靠自己的努力挣钱吃饭，我想一个外来人总是不可避免地生活在这样一种不大不小的敌意的"潜流"之中，这无论如何会构成影响你心中那个"走与留"的"天平"的一个因素。我曾对朋友们说，我们是留在美国还是回到中国，在某种意义上就是在"挣一等收入、做二等公民"还是"做一等公民、挣二等收入"之间的两难选择。

我不想给人以印象，好像美国社会对亚裔或华人的歧视或排外倾向有多么严重。在西方国家中美国因其本身的多民族特征，种族歧视和排外情绪应该说是最轻的，各阶层的人对中国留学生也都很有好感，华人在各方面成就卓著，有目共睹，赢得了各界的尊敬，特别是在学术界、科技界，就更是这样。人们也不会把我们与那些"中国黑帮"相混淆，我们中国人在那里完全可以堂堂正正地挺起腰板干我们的事情。我想说的只是，

就我这个特定的个人来说，出于种种原因却总会有那么一种隐隐约约、时强时弱的"二等公民感"。

"代价"与"良心"

尽管有了以上的种种考虑，如果当时"不回来"，仍然还不是件完全不可能办到的事。而如果我在良心上会没有负罪感，可能我也就留下了，但情况并不是这样。

首先是留下来不再那么容易。由于当时去美国的访问学者不回国的越来越多，中国政府与美国政府协商，达成了新的协议，规定不再对中国学者实行特惠政策，而是要与其他国家的访问学者一视同仁，访问期满后必须回国工作一段时间，才能再以其他理由（当学生）申请入境，不能不回国就将身份由访问学者改为学生继续留在美国。这就是说，如果我想留下来，就面临着新的成本代价：要么是费半天劲申请学校，结果不被批准，还得回国，这一年多的时间不能好好读书听课，白白浪费了宝贵的时间，这辈子可能就失去了最后的一次系统学习的大好机会，要么是硬留下来去做"黑人"，成为"非法移民"，以后赶不上"大赦"还得回国，并且一辈子别想再进美国，这可以说是我这个"胆小怕事"的守法公民不大敢想象的事情。

或者，换个较为长远的做法，先回国或偷偷到另一个国家（如加拿大）待下来，然后再申请学校，但如果这样做，这几年大概就得折腾这件事了，我40岁之前的这几年基本上就得为这一目的搭进去了。人生短暂，我已因"文化大革命"耽误过8年时间，我还耽误得起吗？

当然，回去的路，也并不是一条轻松的、容易的路，因为如果选择"回去"，我不仅现在就要塌下心来努力学习，以打下一个较扎实的基础，以后还得靠自己努力把因没有再上几年学而没能学到的东西补上一些。但相比之下，当时如果选择留下，代价要大得多，风险也大得多，而且可能是浪费的时间再也无法补上。

其次是还有一个"良心"的问题。我当时还不是中国社会科学院经济研究所的正式研究人员，而只是一名博士研究生。这么一个宝贵的出国进修机会，是所里多少人都希望争取到手的，所领导把它给了我，一定是件困难的决定。而且我是社科院第一批受福特基金会资助的青年学者之一，我的"表现"可能影响到以后交流项目的进行，我回去不回去，可能关系到后面的人能不能再出来。所以说我不回去不仅是个简单的"利己"问题，而且可能发生"损人"后果。我不想说这是个"道德"问题，而只想说它是个"责任感"问题：一个人活在世间，总得多少讲点信用，讲点责任感，讲点"回报"。有一次我和一个美国经济学家谈到中国人的性格究竟与美国人相似还是与日本人相似，我未加思索就说中国人与日本人有共同的文化背景，所以与日本人更相似；他说据他对所认识的、听说的中国人的行为的观察，他认为中国人与美国人更相似，因为日本人讲究"团队精神"，公司派出的人没有人不按时回去述职，而中国人更像美国人，以"自我为中心"，不大顾及别人、"团队"或国家。细想一想，我承认他是对的，特别是这几年，特别是在出国的问题上，我们中国人骨子里的那点背信弃义、不讲信用、不负责任、"宁教我负天下人，休教天下人负我"的德性，在一些人的行为中暴露得颇为透彻。我不想修身成佛，成一道德先生，自我标榜与我的某些同胞如何有别，但一些做人的基本准则，总还是应该有所顾及的。负责任的人能受到人们的信赖，别人将乐于与你共事，你在与人打交道的过程中可以节省不少"交易成本"。从这个意义上说，守信用、负责任是"合算的"。我反正不愿与那些不讲信用的人共事。他曾经背叛过别人，有朝一日也就可能背叛你。

总之，就是在这样"前思后想"、"左顾右盼"之中，我最后选择了回来（当然还有一些其他方面的考虑，如家庭问题等）。我只是我。我回来的对错与否与别人回来的对错与否没有关系、不可比较。各人有各人的特殊情况，各人有各人的特殊偏好、特定条件、特殊考虑；各人有权根据自己的情况选择自己的道路，这是我的"信仰"。我只是根据我自己的特殊情况作出了我的特殊选择，别人有别人的活法，我有我的活法，都是一种活法，谁都不能轻易地对别人说三道四，更不用说一些人还是"不得已"而留下的，条件若不同，可能也会选择回来。就我个人的选择来说，当初认为是对的，现在认为也是对的，却不排除将来有"后悔"的可能，但那是将来的事，将来再去评说吧。

两难境地之二："下海"的诱惑

　　我们正生活在一个改革与发展的时代。中国的社会经济体制正发生着根本性的变革，或许是近一二百年来几代志士仁人所梦寐以求而未能看到的变革。旧的经济体制正在被新的市场经济体制逐步替代。市场经济不仅仅是一套反映供求关系的价格规则或者是一批大大小小的交易场所，如"商场"、"集市"、"期货市场"、"股票市场"等，市场经济的含义是一组新的经济行为规则，它涉及我们生活的方方面面，从上学到就业、从工作到消费、从看病到退休、从家庭生活到社会交往、从与"上司"打交道到与政府打交道，都将发生"规则"的变化。而其中最主要的一点是，经济生活和社会生活，将越来越多地取决于我们自己的选择。所谓"市场机制"，说到底就是在人与人的相互交往和社会生产活动中一套以自愿选择为基础的交易规则。因此毫不奇怪，当市场化改革大潮真正来临时，我们每个人都会发现：身边可供选择的机会多了起来，以前不存在的或不可想象的机会出现了，并且越来越多。那么，我们如何选择？要不要做出新的，或者说重新的选择？

面对新的环境

市场经济的发展，对于我们这些在国家机关或学术部门工作的人来说，所提供的一个颇为诱人的选择就是"下海经商"。下海经商其实是一个颇为广泛的概念，既可指当个体户，也可以指办公司；既可以是经商、做买卖、炒股票、倒房地产，也可以是搞实业、办工厂、搞高科技产业，总之是"换一个活法"。下海后，不仅有着发财致富的可能，而且能使人们在一片新奇的领域里施展自己的才华，尝一尝商场上冒险的味道，弄好了也能当一回"老板"，享受一番"大富大贵"，至少能做到"脱贫致富"，早一点步入"小康"。

经商并不一定能致富，倒霉破产的人多了。但是，作为经济学家，我们有一点至少是清楚的：在市场经济形成初期，在一个经济的起飞阶段，经商者成功的可能性是很大的。谁抓住了机会，扎了下去，并不需要很大的本事，就能在市场上打下一块地盘，终生受用。这种美好前景，对于任何人来说，都不能不说是一种诱惑。况且，对于个人来说，问题不仅在于致富的"绝对水平"，而且还在于贫穷的相对尺度：大家都穷时，自己穷点也无所谓，没有对比，没有反差，也就没有什么可丢人的。可是，当有人开始富起来，住豪华公寓，出入酒楼、宾馆，开着高级车，拿着"大哥大"，你的穷酸便会越发地凸显起来。最初的时候，富人还是极少数，你还是人民大众中的一分子，心里多少还是平衡的，但随着市场经济的发展，经商富起来的人越来越多，你就可能真的落入那个不大不小的贫困阶层，眼看着别人能有种种高级的物质享受，而你却没有，那种"相对贫困化"的未来才是真正可怕的。"不患寡而患不均"，这种人人都会有的心理，并不总是导致人们消极地去压制、摧残他人的致富能力，也会促使人们积极地去参与竞争、缩小差距，使穷人们努力改变现状，也加入富人的行列。

改革开放以来，国家的财政收入占国民收入总额的比重在不断下降。我们这些"国家职工"想要靠国家拨款、涨工资来迅速提高收入水平，赶上其他社会阶层的水平，恐怕是不大现实的。所以要想尽快富起来，只有下海经商去。国家机关和学术界，集中了一大批能干的"社会精英"，这些人历来认为自己能力在他人之上，什么事都比别人干得好。过去，在传统体制下，是因为搞研究、进政府最能发挥自己的才能，经商致富的机会还不多，社会评价也不高（不够"时髦"），才选择了做一名国家职工的道路。如今情况变了，一搞市场经济，别人倒先富了起来，自己反倒相对贫困，用物质指标显示的"社会地位"相对下降，心理上的"不平衡"是最大的，所以一旦机会

第十三章
两难境地之二："下海"的诱惑

成熟，许多人弃官从商、弃文从商，十分自然。从个人来讲，如果学术兴趣、当官的愿望并不很强烈，不下海是错误的，因为既然学术与仕途并不能给你带来多大的满足，一旦其他机会出现之后，就应该尽快一走了之，去从事能给自己带来更大满足的职业。同样，如果一个人经营管理的能力很强，充满"企业家精神"和企业家能力，能创造出更大的财富，不去下海就是资源的浪费。同理，如果因家庭的原因、工作岗位的性质以及自己的努力，已经具备了一系列在目前条件下适合于经商的社会关系，他也该尽快下海，否则也是资源浪费，即那套社会关系的浪费。他有社会关系，我没有，他搞起经营来就比我容易得多，各方环节容易打通，各种条子容易批来，比起我"后门"在哪儿都不知道、一切要从头搞起，要节省很大的时间与精力，成功的把握也大得多，何乐而不为？不然反倒"瞎了"。

从经济发展和社会发展的角度看，也就是用长远眼光看，现在一大批官员、学者下海，是好事而不是坏事。过去实行计划经济，政府管理一切，事事向"官本位"看齐，政府机构重叠，人浮于事，一大批人下海，既能使政府"消肿"，转变职能，又适应了市场经济发展的要求，使更多的人能够各得其所，发挥自己的能力，创造更多的社会财富，对大家都是有利的。所以我想哪怕在这过程中出现一些"官倒"、"官商"，发生许多不那么"公平"的事，在所难免，况且也有其积极的一面，是体制改革必须付出的一种"成本代价"——不让他搞"官商"，社会还是得"养活"他，还是"不公平"。他一日在其位，还得一日谋其政，还得想着法地来管你、卡你，对经济的发展可能有害而无利，与其如此，不如给一条别的"生路"，大家都舒服，经济发展了，市场体制健全起来了，不公平的事才能越来越少。学界的事同样如此。现在一些教授、研究员下海经商，以至于出现了"教授卖馅饼"之类的现象。有些人大呼"斯文扫地"、"文化堕落"，其实也没什么可大惊小怪的。知识分子当然希望国家和社会来"养士"，吃饱了喝足了，解除了后顾之忧才能安心做学问。但是我们也该问一问以下的问题：社会现在是否有那么多钱来养你？（这个问题我们在前面几章中已经讨论过了。）面对新的经济体制与经济发展，知识界、学术界也面临一个"总量调整"与"结构调整"的问题；而我们每一个人，无论是不那么想继续搞学问还是想继续专门搞学问，也都面临着一个如何在新的条件下适应社会发展需要的问题。总之，一些官员学者"下海"经商不仅十分诱人，而且于国于民于自己，也不无好处。

重新审视自己

我自己曾经非常认真地思考过是否也要"下海"。

第十三章
两难境地之二："下海"的诱惑

那是几年前我刚写完《公有制宏观经济理论大纲》的时候。写书的时候，精力集中，闲事少想。一年半的时间，"躲进小楼成一统"，既不觉房中的寂寞，也不想窗外的热闹。而一旦书稿杀青，交给了出版社，身心松弛了下来，万般"杂念"也就涌上了心头。当时人已快到 37 岁，事业刚告一个段落，下一步怎么走，似乎也正到了一个"重新定位"的时刻。社会上的风风雨雨，时隐时现的各种机会，也都能引起人们对前途的思考。在可供选择的范围内，"进官场"对我吸引力不大，这点倒是颇为肯定的，似乎比以前还更为肯定了。一不是那块料，二没有大的兴趣，再说三十六七岁了再一阶一阶地干起，也太晚了点，不会有大出息了。出国定居，似乎也已晚了，再说既然已经回来了，难道还再走么？其次便是下海经商了。前两次经商热，已有一些人闯了出来，越来越多的人已看到了下海的好处，越来越多的人正在跃跃欲试，朋友同学中也有一些已经出走。我再不走，大潮一来，到处都会一下子变得拥挤不堪，"发财"的机会就少了，所以需要早作决断。

回想起来，我也曾做过"买卖"。第一次显示"经商的本能"，还是在"文化大革命"中，十三四岁的时候，搞过"纪念章交易"。当时在北京前门箭楼下，自发地形成过一个毛主席纪念章交易市场，每天从早到晚都有几百人聚在那里各寻所需。很长一段时间内我曾每天往那里跑一趟，用我之所有，与他人相交换。记得那里除了进行一对一或一对几、几对一的交换外，还形成过"货币单位"，即一毛钱一个的最小的一种毛主席头像纪念章，你可以先用一个特种纪念章换十个或几十个"小头像"，然后再用它们去"购买"你所想要的一种特殊的纪念章。有时觉得"亏"了，有时觉得"赚"了。倒来倒去，我的收藏不仅种类增多，数量也有所见长。当时我当然还不懂经济学，现在回想起来真是件很有意思的事。市场形成的条件其实真是很简单、很容易的事。每个人，无论有无文化，学过经营还是没学过经营，其实都有着"交易的本能"。只要一种交易对双方有利，就自然地形成了市场。而且人们时刻都有着通过交换来增进自己利益的动机。"文化大革命"那种条件下，什么都不能自由交换，"一不留神"，还冒出来一个可交易的纪念章（当然后来也被取缔了），形成了一个颇为壮观的纪念章市场，私下里换还不够，还要凑起来到一个公共场合去换，当时不取缔还会不断发展。市场不就是这么形成和发展起来的吗？现在总有些人强调建立市场要这么个条件、那么个条件（如股票市场、证券市场等）。其实你只要允许大家自愿交易，马上就能形成市场，然后你再把在街上交易的人请到屋里来，订上几条规则，提供一些设备（如电脑之类），再加上些"政府调节"，就可以形成相当现代化的市场，人为设计的东西，还远不如这些自发交易形成的东西更有效、更合理。

第十三章
两难境地之二："下海"的诱惑

　　后来就没有搞过什么交易了，除了喜欢到农村集市上讨价还价地买东西，就是在美国先后买过两辆汽车，开一段时间走时再卖掉，也都赚了点小钱。实践不多，但因为学的是经济学，多少有了些关于市场经济、经营管理的书本知识，相信也是有用的。所以自我感觉下海没什么可怕，只要肯花工夫、花心血，扑下身子去干，敢于冒点风险，成不了亿万富翁，总也能赚点钱改变物质生活条件，不至于一亏再亏。

　　但经商能否成功，特别是在我们目前的条件下能否成功，不仅取决于"能力"，更取决于各方面的条件和你所拥有的在经商中有用的"资本"。首先的一条是我没有"关系"。父母都是知识分子，无权无势，社会交往也少，这是先天不足了。自己后天又努力不够，十几年上学读书搞研究，所交的朋友也是书生为多，与书本打交道的为多，实业界、政界的很少。一些进入了政界或实业界的朋友、同学，因从事的工作不同，慢慢地也疏远了，"铁哥们儿"少。许多人"下海"之所以较容易成功，是因为在没下海之前就早已把关系建立起来了，下去之后，这些"资本"调动起来，立即见效，都能"变钱"。而我要"临上轿现扎耳朵眼"，从头开始"积累资本"，得什么时候才能干出点眉目呢？我所有的唯一的"资本"，无非就是过去读的这点书，有用也罢、无用也罢，总还能混碗饭吃，现在要去经商，这些资本不说完全没用，也有相当一部分是没用的。也就是说，过去十几年的时间就要白白浪费掉了，得从头开始积累另一种资本。当时我想，先下海，干几年，发点财再回学术界来，再来搞研究，可谁知道那时你原有的那点资本还有多大的价值。技术在不断进步，知识在不断更新，只有不断"更新改造"的知识，才能保持其价值，否则它就会不断地贬值，结果要么是你想回来也回不来，要么是回来后再费一些力气补课。"经商"与"从政"有时是可以"互补的"，因为都要搞管理，都要与人直接打交道，管理一个公司与管理一个国家的道理有时很相似；搞研究（特别是社会科学研究）与"从政"有时也有互补性，因为从政者也要研究社会、研究人际关系；但经商与做学问之间，不说完全不可互补、没有相通之处，也是相距最远的，一个太实际，一个太抽象，可互补的东西相对说来较少。

没有大"关系"，做不成大买卖，可以白手起家从个体户干起，做小买卖起步。但是我问自己：还弯得下那个腰吗？我又不是被逼到了那个份上，每月一两千元的收入，就值得我放下中国社会科学院"学者"的架子去摆地摊、开饭馆吗？"学者"的架子再"臭"，总也值个几千块吧。不去练摊，还有一条路就是去外企或大公司当职员起步，去当"老板"的雇员。但问题还是一样，一要吃得起苦，二要低得下头，学会看老板的脸子办事。而我们这些总想保持那么点穷酸臭的"独立性"的人，去给那些因为有钱而有权或因为有权而有钱的人当差，心理上能平衡得了吗？能伸能屈者，能做人上人，所以我很钦佩那些弯得下腰来一步一步走上去的"大丈夫"。但自己若不具备那种大丈夫气概，硬要去冒充大丈夫，一定是很难受、很不自然的。

没有轻松的人生

还有吃苦。练摊要吃苦，办公司也要吃苦。办什么事都要吃苦。我那些下海的朋友们为做成点买卖吃的那份苦我是看得到的。为开一个小店，得上上下下盖十几、二十个章，是庙就得磕头烧香，每做一笔生意都要上上下下跑断腿、磨破嘴，从早到晚兢兢业业、一点不敢怠慢，一刻不得疏忽。有个朋友要办一家合资公司，每次见到他都问办成了没有，都说马上办成，结果两年之后还没办成，还在"马上办成"。我能心甘情愿地费那份力气、费那份工夫吗？

读书搞研究，也是件吃苦的事，但毕竟已经习惯了，有时已不觉得苦，现在要换一种苦法，实在有点害怕。而更重要的是，读书写文章时受苦，你会觉得苦得"高尚"，因为好像总是在面对什么"经邦济国"的"大问题"，觉得你在与"圣人们"对话，自己不知不觉也有点"神圣感"。而突然间回到人世间单纯地去为了挣钱而东奔西跑，请客吃饭、递烟敬酒、磕头作揖，不过是为了"钱"这个被历代圣人们一贬再贬的"俗物"，我不知道发了大财、真的达到一掷千金境界之后会是什么感觉，在此之前，却总会为"吃这些苦是否值得"这样的问题而困扰。

想到下海的这样一些难处、苦处，也就自然会回过头来看我们做学问、搞研究的好处——我们这行又有什么不好？穷是穷了点，但我们从这一行当（像其他许多行当一样）也能得到一些其他的、并不能用物质金钱来衡量的乐趣。这种乐趣往往是行业之外的人们不知道和不能得到的，就像局外人不了解在商场上冒险投机的乐趣、官场上"与人奋斗"的乐趣一样。我们所的一位老教授，讲过一个他的学生的故事：这位学生博士毕业后，也面临着下海与否的难题，深圳那边一家大公司请他出任一个很不错的职位，高薪、住房、福利，一应俱全。他也去试着干了一阵，但总还是思想斗争激烈。过年回北京，去了一趟商务印书馆的门市部，出来之后就去找老师，表示还是下决心回来做学问，说当他转了一圈又来到商务印书馆这样的地方之后，发现那种置身于学术氛围中的感觉，是多少金钱也换不来的，是在其他领域所得不到的。人生活的就是一番境界，没了这种境界，人生也就没了意思。我的这位同仁，大概就是命中注定要为了这份不当饭吃的"境界"而活着了。这并不是说其他行业、其他活法就没有"境界"，但偏好不同，所追求的境界也就不同，所以还是应该各得其所，不可强求一律。

许多下海经商的人也不单纯是为了钱，而是为了成就点事业，但说到做事业，哪里都有事业可做，都可以实现自己的价值，不适合经商的人硬要去当个小商人，浪费了资源，也亏待了自己。从"事业"、"收益"、"乐趣"的角度看，我们搞经济理论研究的，现在应该说比别人更幸运一点，因为我们国家现在的工作"中心"是经济建设与经济改革。理论工作者，进，可以为实践家们出谋划策，为中国的繁荣进步做点实事；退，可以回到书斋，通过理论研究、经验分析，为在新的基础上发展中国的经济科学添一块砖瓦。我个人是相信理论的力量和理论的作用的。理论的作用，特别是基础理论的作用，首先是使你获得对事物整体运动规律和内部各组成部分之间复杂的相互关系，有一个系统而全面的理解，使你能够正确地解释各种现象及其相互联系，抓住解决问题的症结。有了好的理论基础，并不一定能出好的政策，有效地解决实际问题，因为要想解决实际问题，还需要一个掌握实际情况、把理论具体应用于实际的过程。但反过来，只了解具体情况，却没有理论的指导，往往会头痛医头、脚痛医脚，抓不住事物的本质和相互联系。记不清哪位外国的经济学家曾说过一句话：经济战略是实践的艺术。虽然理论家不如实践家那样对细节了如指掌，可理论家制定战略获得成功的概率比实践家制定的战略所获成功的概率更大。经济学的任务是促进实践中经济的发展。它的根本目的是实践性的。解释世界的目的是为了改造世界，但显然首先应对世界给出一个准确的解释，这就是理论的任务、学术研究的任务，这就是理论的价值所在。

中国的经济理论界，历来有注重实践的传统，时刻将解决现实问题作为自己的首要职责，改革与建设的任务又如此紧迫，呼唤着经济学家们去着力于献计献策。但或许正是由于这样的原因，我们经济学界面临着一个重要任务是如何把经济学作为一门相对独立于对策研究、政策实践的学术专业树立起来，使理论界有其自身特殊的论题、特殊的方法、特殊的眼界，不是总跟在实践家的后面跑，为实践家递"奏折"，而是要能"超脱"一些，站得更高一些，通过自己的独特工作方式，为实践家们提供自己独特的产品，即"理论指导"。以前的一些教条主义、经验主义的所谓"理论"和"纯理论"研究，因其脱离实际，不能解决实际问题，很大程度上"败坏"了理论的名声，以至于我们现在一讲搞理论研究，就常有人误解是搞那套没用的玩意儿，尽"玩虚的"。其实，真正的理论是从实践中概括、抽象、整理、归纳出来的，是为了更深入、更精确、更全面地说明现实而构造出来的。在理论研究过程中，可能要使用一些外人不熟悉的术语、方法，这是为了研究起来更方便、更省事，更避免概念的混淆与误解，但最终，好的理论都无不能用简明

易懂的语言和方法说出，被"外人"们理解、掌握、运用，转
化为种种对策。既要从实践中来、到实践中去，又要有自己独
特的研究方法、评价体系、科学视野，这就是作为一门学术专
业的经济理论所应具备的特点。显然，我们经济理论工作者在
建立与发展这样的学术专业方面，还有大量很有意思的工作需
要去做。一方面改革与发展的实践需要更多的经济学家献计献
策，另一方面经济学科的建设与发展也需要我们努力奋斗，都
是历史对我们的创造力、想象力的一种挑战，不比政治家、实
业家、商人们所面临的挑战更小。搞经济理论研究，不是也很
有意思，也很"刺激"吗？

　　上述是从"收益"的角度而论的。从"付出"的角度说，
我们要寂寞地读书、艰难地写作，搞调查、找资料，稿纸一张
张撕去，"格子"一个个爬过，搞出的东西要经受同行的批评、
历史的检验，但从某种意义上说我们却可以"自行其乐"，不必
看老板、上司的脸色与眼色。从一定意义上说，我们只面对
"上帝"，即那个高居我们之上永远只能"逼近"而不能达到的
"真理"，而不必受任何世人的"管制"。我们虽然在"上帝"
面前战战兢兢，却不必听命于任何权贵；同行、社会与历史对
你的承认或否定，实际上是代表"上帝"在对你进行评判，虽
然有时这种评判并没有充分体现"上帝的意图"。由于"上帝"
超然于我们大家之上，真理不是任何个人的特权，所以我们在

一定意义上说可以"只对自己负责",对自己的观点、文章、著作负责(包括对自己的那些错误负责)。说得具体一点,我们在工作单位中有"领导"或"老师",但在我们的工作中却没有"上司"或"老板",也不用靠搞好人际关系才能有所成就,因为学术上的成就本质上与人际关系无关,而只取决于你离"上帝"的远近。学者爱闹"独立性",总让人觉得脑后有"反骨",我想这与他们的工作性质本身不无关系。单就这一点而论,我想我们这个行当就"很值钱"了:只要我们自己追求的是真理而不是权势,是知识而不是金钱,我们的工作成果就有着相对"恒定"的价值。风云变幻也好,股市涨落也罢,人们总要追求真理;官位可以有升有降,财产可以有盈有亏,学问却只能越做越多,离真理越近(当然如果搞了教条主义,在方法论上误入了歧途,也可能越做离真理越远)。

说到"穷",发达市场经济中的学者(指政府机构或学术机构中的研究人员),只要不是在企业界搞技术应用或给企业当"私人经济学家"或"利益集团的经济学家",也都并不富有,只有中等收入而已。我们现在当然更穷一些,甚至显得寒酸,但我相信"行市"也是会变的,经济进一步发展,经济结构更加复杂,人们对理论、对理论工作者的"市场需求"也会加大,我们这些人的"市场价格"也会相对升高一些。就我个人而言,应该说还算幸运,虽然房子还没分到,电话还没装上,为工作上的事

第十三章
两难境地之二："下海"的诱惑

打个长途电话、发个传真还要到处乱跑，但基本生活条件还是说得过去的，甚至还买了一辆价格最便宜的国产的微型面包车。物质生活上的事，其实是容易满足的。钱越多当然越好，但只要满足了基本的条件，再多了，钱的价值本身也就递减了，生活的真谛还是在于干成一点事情，而不在于挣到更多的钱。

还是我们在前面曾反复说的那句话，什么事都是有失有得，做什么都是有苦有乐。干点事情总要付出点什么，但也能获得点什么。天下没有绝对好的职业，也没有绝对幸福的人生。干什么都要吃苦，都不容易，但也都能从中得到乐趣。我们只应根据自己的兴趣与条件在各种可替代的事物之间进行比较与选择。理论研究有其枯燥、清贫，也有其幸福、快乐，为什么仅仅用我们的短项去比别人的长项，而不同时用我们的长项去比别人的短项？

就是在这样左思右想之下，我最终选择了不下海，放弃第二次人生选择的机会（"放弃选择"本身也是一种选择），继续我的学术生涯。这一选择一旦作出，似乎头脑也清楚了，直到今天"赶海潮"大浪涌来，也不觉得有什么新的诱惑。当然这还只是我现在的选择。将来生活中还会出现第三次、第四次选择的机会，那时如何选择，只有到那时再作分析、再作决策了。

前不久，《经济学消息报》约我写专栏，作为开场白，我先写了一篇"赞颂"我的这门职业的文章《皇冠上的明珠》，也是有感而发，希望更多的人能对我们这些人的"死心眼"表示理解。现全文抄录如下，作为这一章也是这本书的结尾：

皇冠上的明珠

《经济学消息报》的编辑命我写一专栏。无论对报纸还是对我本人，这应该说都是个"新事物"，只是不知我能否写得好，能否坚持得住，能否不辜负编辑的厚望，不"倒了"读者的胃口。经济学的一大理论要素就是"风险"。就请编辑、读者和我一起冒一次险吧！

我想就从最近经济学的一个"消息"说起。

1992 年经济学界的一大要闻，是美国芝加哥大学经济系的贝克尔获得了诺贝尔经济学奖。如果说其他人获奖的主要原因是"深化了"经济学，贝克尔获奖则主要是由于他"拓宽了"经济学，把经济学的一般原理应用于人类行为的各个领域，从结婚生育到子女抚养，从家庭结构到社会教育，从夫妻离婚到抢劫犯罪，从歧视行为到利他主义，都有了一套严谨的理论模型来加以分析，并得出了一系列常识无法论证的结论，形成了像"歧视经济学"、"离婚经济学"、"犯罪经济学"这样的领域以及学术专著（请注意，"离婚经济学"不是鼓励离婚，"犯罪经济学"不是研究如何犯罪，就像"短缺经济学"不是为保持物品短缺一样)。美国经济学界中，对贝克尔的贡献，其实褒贬不一，特别是一些学院派理论家，虽然不否定他有所贡献（特别是关于人力资本理论的分析)，但不少人认为有些东西具有"雕虫小技"的味道。笔者在美国曾与一些经济学家谈起贝克尔的著作，好几次都从对方脸上看到一种"不屑"的神情。在一些人看来，贝克尔的研究，主要是将经济学中的基本原理，应用到各个领域中去，而"应用"相对说来总是容易些，更何况像"婚姻"、"犯罪"这样的领域，对某些"严肃"而不愿"取巧"的经济学教授们来说，只是"不去"应用，而不是"不会"应用罢了（笔者自己曾写过一篇文章《"治学经济学"胡侃》，试图用经济学的一般原理，分析一下"傻博"们的行为，登在《大学生》杂志上，没敢投到学术刊物上去充当"学术成果"）。贝克尔得了奖，我想那些教授们一定会发感慨：诺贝尔奖是不是"容易了点"？

贝克尔或许并不那么"伟大"，但无论如何他的工作却表明了经济学的"伟大"。他进一步证明了经济学可以用来分析人类的一切行为或人类行为的一切领域。这其实也正是他获奖的真正原因。在贝克尔之前很早就有人指出过广义的经济学不是仅研究人类物质生产与交换的科学，而是研究一切人类行为与效果的科学。所谓"经济"的概念，就是如何以最小的代价，取得最大的效果；就是如何在各种可能的选择中，也就是在各种主观与客观、自然与人际条件的制约下，选取代价最小而收效最大的那一种选择。从经济学的角度看，社会科学的一切领域，都是以经济学的原理为基础的：政治、法律本身是为了解决经济利益冲突而存在的；历史说到底是经济发展的过程；而文学则表现经济学的一大"理论要素"，即人的"偏好"（性格）的复杂性、多样性以及它在决定人的行为中的作用；哲学当然更加"形而上"一点，因为它首先要解释"人的起源"问题。但无论如何，亚当、夏娃一旦走出伊甸园，他们就一定要按经济学的规律办事。在一些经济学家的眼里，社会科学中的其他一些学科，要么因其不能解决"吃饭"或如何"吃好饭"的问题，是"无用的"，要么因其只能作经验材料的搜集与归纳而不能作逻辑推理（不能应用数学！），是缺乏"科学性"的，要么不过是经济学的一个分支、一种应用。我们当然不必如此"狂妄"，但我们也的确可以为选择了经济学这样一个"职业"而感到欣慰。西方经济学界流传着许多对经济学家嘲讽或自嘲的笑话，但也流传着这么一句近乎"肉麻"的颂辞：经济学是社会科学"皇冠上的明珠"。我们大可不必躺在这一颂辞上沾沾自喜，但至少——回到现实中来，我们也不必羡慕别人"下海"：穷是穷了点，但一顶虚无的"皇冠"所能提供的"精神满足"，也可以算是这一职业的一种特殊的收益吧！

跋（1999 年版）①

本书是《求解命运方程——一位青年经济学家关于人生的说法》一书的修订本。那本书 1993 年出版以来获得了不少读者的厚爱，当时也获得了几个国家级的奖项。两次印刷都是不久便脱销，而且因销售渠道方面的问题，全国多数地方从未售过此书。时至今日，仍有不少人来信询问如何能搞到此书。因此便有了再版的打算。承蒙广东经济出版社的支持，现在能在修订的基础上再版，并有了一个新的书名：《经济人生》。

几年来，此书获得了些褒扬，也得到了一些批评。褒扬的话我不多引了，只想提到来自一位同行的评语。这位同行是哈佛大学经济学博士，后来在美国斯坦福大学经济学系任教的中国学者钱颖一。他 1994 年回国在北京大学研究生院讲学，读过此书后向北大的经济系同学们推荐，说此书可用三个英文词加以评价：一是"Honest"即真诚，因为他认识我、了解我，所以知道我在书中讲的是真话；二是"Reliable"即可信，因为他也是学经济学的，所以知道书中所说的理论与所作的分析是可以信赖的知识；三是"Relevant"，即是说，书中所阐述的道理，

---

① 编者注：本次再版中，尊重作者意见，全文收录原版跋。

的确是与我们每个人的生活相关的，读来是有用的。毕竟，来自同行的褒奖，是最可贵、最值得珍重的。

下面我要谈一些有关的批评，特别是来自两位作家的批评。

第一个批评关系到本书的写作形式。在一次写作研讨会上，作家陈建功指出，本书读来让人感到缺乏节奏感，许多地方有了很好的素材，完全可以描写得再丰富些、充实些、形象些，读来也可以使人更轻松些。这是一个十分中肯的批评。我第一次拿到印好的书翻开来读的时候，自己也感到它节奏太快、"密度"太大，"读起来很累"；本想轻松一回，写出一个轻松的东西，但没想到写出来大部分的地方还是上句赶下句，一个观点接一个观点，缺乏起伏与节奏。我想这是我的"职业习惯"所致。我们习惯了的是写理论文章，而理论文章的要求是处处"惜墨如金"，前提条件说清为止，逻辑推理到家为止，举例也是点到为止，不得多"啰唆"一句，不靠形象描述取人，也不靠堆砌文字赚取稿费。本以为自己过去多少也学过一点文学创作，但没想到十几年的理论生涯，已经把自己"磨炼"到了积习难改的地步。当时曾经想到如果有机会重写或修订，一定想办法克服这个缺憾，力求使形象再生动一些，行文再轻松一些，"拉"得再开一些。但是后来，一些读者的评论却使我有了另外的想法。有几位读者告诉我说，他们把这本书读了"两三遍"；有的还说他们就是把它当做一本经济学入门的教科书在读（或是让他们的孩子把它当教科书来读）。我想这可能就是一本由搞理论的人写的"理论性"稍强的通俗读物可能应该拥有的特殊之处——从内容上说它是通俗的，但写法上仍是理论性的，仍然需要让读者多一点思索，而不是像文学作品那样使人们在读故事当中、从形象的描述当中获得教益。我反正也不擅长以文学家的手法写作，现在学习那种写法还可能搞得不伦不类，还不如继续保持我的这一特殊的"风格"，反倒能给读者一点有特色的东西。所以，真的到有机会修订的时候，我反倒决定对全书不做大的改动了，基本让它保持了原样。

第二个批评来自作家梁晓声，这关系到本书的内容。他在他的《九三断想——谁是丑陋的中国人》中提到了我的这本书，以及与这本书有关的他与我的一次"争论"。那指的是：在一次讨论有关"人生观"问题与社会现象的写作计划会上，我发言时表达了本书中的一个观点，即我们不能强求人们都按一种方式生活，各种活法对不同的人来说可能都是最好的"活法"；因此我们也不能总是教人们应该如何活着。梁先生听后不以为然，说不能认为那些堕落的活法是好的活法，社会总得有点"正确与错误"、"好与坏"的标准与主张，等等。后来，梁先生在他的著作中用了相当大的篇幅来讨论那次的争论，解释他当时还没有看我的这本书，对我的思想不大了解，并还向青年朋友推荐我的书等等。当然，更重要的是在书中进一步阐发他的观点，仍然认为我们不能容忍堕落，书中充满着一种义愤、一种激情、一种正义感。他对于他与我的差异的解释是："……还由于，我们对现实社会的，以及我们写一本书时的立足点和视野的幅度是分明有很大差别的。"他说我是在为那些正常的、有理性的人们写一本如何理性地分析人生与社会的书，是在"摈除了'恶'的'活法'之后，对普通人的'活法'娓娓的论说"；而他所要做的则是要在善与恶之间划出一道界限，正是要面对、批判我们现今社会的种种"丑恶"的"活法"。

但我想我与梁先生的差别恐怕首先是职业上的差别。我是搞经济学的。经济学要研究的是人们如何追求与实现自己的"最大满足"。问题在于如我们这本书中所说，关于什么是"满足"这件事对不同的人是不同的，而不同的"口味"、不同的"偏好"，说到底也就是人的不同的"价值观"，其中就包括"道德观"，因为不同的"偏好"也就是一个人关于"什么好"、"什么坏"，什么较好、什么较坏，什么"值"、什么不值、什么不那么值等等的一种评价。为了挣点钱，不顾"廉耻"，说明对于他来说，那些"钱"要比他的"廉耻"更"值"；"舍己救人"，说明他认为"救人"很"值"或"救人"这件事好，"见死不救"不好，等等，这与我认为喝酒比抽烟好，你认为猪肉比羊肉香的道理是一样的。问题在于，经济学作为一种实证科学，在它的分析过程中，假定各人不同的偏好是"事先给定的"、"已知的"。这其实就是在说，作为经济学家，我们对你有什么样的价值偏好、道德标准，没有办法，"管不着"，我们只是在你们已有的价值标准条件下研究你的行为和你的行为的后果，以及你的行为对社会上他人的影响，或者告诉你怎么才能实现你的愿望，或者告诉别人怎么"对付你"，你又怎么"对付"他人。原则上说，经济学家就其职业本身来说，可以为希特勒服务（第三帝国有从职业标准上说很合格的经济学家，虽然我们作为个人来说不能从人格上、道义上认为他"好"），也可以为丘吉尔服务；可以为黑帮服务，也可以为政府服务。从这个意义上说，经济学就其学科、就其职业来说是"道德中性"的，经济学家是"不讲道德"的。经济学家只从一个角度谈"道德"、谈"价值观"，那就是分析不同的道德观、偏好体系会对经济行为有哪些影响，要求社会经济制度做怎样的改进，道德观、价值观变化的经济原因，以及道德观、价值观的变化对经济发展、社会经济关系的变化所会产生的各种影响。但经济学家对价值观、道德观本身的"好与坏"不做评价。经济学分析离不开道德、价值观一类的东西，但他们只是经济分析的前提之一、"约束条件"之一，而不是经济学的分析对象本身。当然，经济学家也是人，作为个人，他当然可以就价值观、道德观问题发表自己的看法，但他这样做的时候应该明确地意识到并告诉他人，他只是作为个人而不是经济学家在发表看法，因为从经济学本身中我们得不出关于道德观的论断（其实，从任何可以称为"科学"的学问中都得不出这样的论断）。

什么人"管这件事"呢？伦理学家、政治家（不是政治学家）、文学家以及"牧师"等等一切用各自的方式管理"意识形态"的人们（当然还有我们每个人，即作为无"职业特征"的社会的普通人）。是他们在构造着、改变着、影响着人们的价值观、道德观、是非观，等等；是他们在就什么是好、什么是坏、什么正确、什么错误进行着研究与评判，教导着人们应该这样生活而不是那样生活，做这样的选择而不是做那样的选择。总之，那正在作为文学家的梁晓声的"职业范围"之内。

作为一个一般个人，我非常赞赏梁晓声关于善与恶的"道德批判"，非常支持他对当今各色"丑陋的中国人"、对各种丑陋的、不道德的、邪恶的、不顾廉耻的种种社会现象进行鞭挞。但是，当我作为一名经济学家写作时，或者，在给出"经济学家关于人生的说法"的时候，我还是只能做我作为一名经济学家职业范围内的事，也就是只做实证分析，不做道德批判，也不管这种实证分析的适用范围究竟只是对"一般的正常人"呢，还是对所有的人。我如果什么都想管，我就可能什么都管不好，不能为社会提供一些"专门性的知识"。

以上是本书出版以来所收到的几点较为重要的评论与批评。这些都是十分善意的评论，我衷心地表示感谢。把它们记录在此，让读者们有所了解，也是为了使读者们更好地了解此书，并提出你们的批评与忠告。

最后，我要感谢为此书付出辛勤劳动的编辑们。编辑杨刚是"逼"我写出此书的始作俑者，我一直怀着感激之情。此次修订再版，则靠了责任编辑积极的推动和细致的工作。

樊　纲

1999 年 8 月 12 日

图书在版编目（CIP）数据

经济人生 / 樊纲著. —北京：东方出版社，2016.2
ISBN 978-7-5060-8961-6

Ⅰ.①经… Ⅱ.①樊… Ⅲ.①经济管理—通俗读物 ②人生哲学—通俗读物
Ⅳ.①F2-49 ②B821-49

中国版本图书馆 CIP 数据核字（2016）第 035168 号

经济人生
（JINGJI RENSHENG）

作　　者：樊　纲
责任编辑：袁　园
出　　版：东方出版社
发　　行：人民东方出版传媒有限公司
地　　址：北京市东城区东四十条 113 号
邮　　编：100007
印　　刷：北京楠萍印刷有限公司
版　　次：2016 年 7 月第 1 版
印　　次：2018 年 12 月第 4 次印刷
开　　本：880 毫米×1230 毫米　1/32
印　　张：10.625
字　　数：185 千字
书　　号：ISBN 978-7-5060-8961-6
定　　价：45.00 元
发行电话：(010) 85924663　85924644　85924641